ZWILLINGE
das Magazin

Das Mitmach-Magazin für Zwillings- & Drillingseltern

Band 37
März/April 2019

© Marion von Gratkowski
Postfach 40 11 11
D-86890 Landsberg
Tel. 0049-(0)8344-809 95 39
info@twins.de
www.twins.de
Redaktion: Marion von Gratkowski
Titelfoto: Familie Massarski
Fotos & Texte: Privat
Herstellung & Verlag: BoD - Books on Demand, Norderstedt
1. Auflage März 2019
ISBN 978-3-7392-0469-7

INHALTSVERZEICHNIS: Ausgabe 37 - März/April 2019

- **2** Impressum
- **3** Inhaltsverzeichnis
- **4** Editorial
- **5** Bezugsbedingungen
- **8** Schwangerschaft & Geburt: Extrem-Frühchen und der Erfolg
- **12** Vorahnung bei Zwillingen
- **14** Ihre Beiträge in unserem Heft
- **15** Termine in Berlin
- **17** Gleichzeitig Fläschchen füttern
- **19** Knuddelknoten macht Spaß
- **20** Schnelle Tipps - praktische Ideen
- **21** Tagebuch führen - Zeit festhalten
- **25** Kinderzimmer live: der Flaschenständer Munchkin Sprout im Test
- **26** Ein Stockbett für zwei
- **28** Streit & Zwillinge
- **30** So machen wir die Kinderfahrräder sicherer
- **32** Partnerlook - warum nicht?
- **33** Streifen für alle!
- **34** Großes Zwillingstreffen in der Klinik
- **36** Buch: Chaoskiller in der Familie
- **37** Das große Werkbuch für Kinder
- **38** Kinderleicht kochen mit Zwillingen
- **40** Fotoparade: Kommt der Frühling?
- **42** Jeder Zwilling ist einzigartig
- **45** Kolumne: Erste Zeugnisse!
- **48** Alleinerziehend mit Stundenplan
- **50** Mein Feierabend findet erst zur Nachtzeit statt ...
- **53** Mein größter Traum: ein Buch
- **56** Vorsicht bei Smart Toys!
- **58** Unsere weite Reise nach Südamerika - Pura Vida
- **66** Bisher erschienene Hefte
- **68** Zu guter Letzt: ...

ZWILLINGE - DAS MAGAZIN Ausgabe März/April 2019 Nr. 37: 7,99 €, auch als E-Book für 5,99 €.
ISBN 978-3-7392-0469-7

Bestellbar auf www.twins.de oder im Buchhandel - online & Laden.

EDITORIAL: Auf geht's in den Frühling ... (hoffentlich!)

*Liebe Leserin, lieber Leser,
liebe Zwillingseltern, liebe Drillingseltern,*

ich weiß noch gut, wie ich als junge Zwillingsmutter den Frühling herbei sehnte, weil man dann endlich mit den Jungs nach draußen konnte und sie sich in den Isarauen (wir lebten damals mitten in München) austoben konnten. Dann machte uns Tschernobyl einen Strich durch die Rechnung und wir waren mehr oder weniger zu Hausarrest verdonnert. Das ist lange her ... ich hoffe, Ihr könnt bald viele schöne warme Tage draußen genießen.

Constantin (von links), Nicolai, Maximilian und Marion von Gratkowski

Zwillinge sind Zwillinge ...

Da soll noch einer sagen, meine so unterschiedlichen Söhne seien keine Zwillinge ... in diesen Tagen hat mich der Zweitgeborene damit überrascht, dass er jetzt auch Vater wird. Exakt ein Jahr nach Maximilian, der seit August Papa von Josephine ist, wird nun auch Constantin im kommenden September Papa.
Und so sind die Batterien von Babyschühchen, die ich für ein Strick-Anleitungsbuch hergestellt habe, in besten Händen oder besser gesagt: bald an besten Füßen.
Wir freuen uns sehr, haben aber auch als Großeltern ein leichtes Grummeln in der Magengegend: Werden wir beiden Kindern gerecht? Werden sich die beiden Väter darum streiten, wann Oma und Opa Zeit für die Enkelchen haben? Hoffentlich nicht.

Oma Marion hat immer noch genug Zeit für ein neues Heft

Glücklicherweise hatte ich zwischen Josephine und dem Stricken auch wieder Zeit, eine Ausgabe ZWILLINGE zusammen zu stellen. Hier sind die Themen: Noch einmal sind Extrem-Frühchen unser Thema (ab Seite 8), ums Fläschchengeben geht es ab Seite 16, zum Tagebuch führen raten wir ab Seite 22, wie man die Kinderräder sicherer macht, verraten wir auf Seite 30, Rezepte haben wir diesmal nicht, aber ein gutes Buch für Kinder, die kochen mögen (Seite 38), Zwillingsmutter Bente findet ihre Zwillinge total verschieden (Seite 42) und Astrid und Janna haben erstmals Semesterferien, wie es in Österreich heißt (Seite 46), Feierabend hat Zwillingsmutter Dorothea erst nach 22 Uhr (Seite 50), Zwillingsmama Ott schreibt ein Buch (Seite 53) und die Familie von Diana verbringt einen tollen Urlaub in Costa Rica (ab Seite 58).

Viel Spaß beim Lesen – Ihre/Eure Marion von Gratkowski

ZWILLINGE - DAS MAGAZIN Nr. 38: Was ist darin geplant?

Zu folgenden Bereichen/Themen suchen wir noch Beiträge:

- Schwangerschaft & Geburt
- Kaiserschnitt
- Stillen
- Fläschchen füttern
- Schlaflose Nächte
- Umstellung auf feste Kost (Brei)
- Sommer mit Zwillingen
- Schwimmen lernen

- Erziehungsthemen aller Art
- Streit, Konkurrenz, enge Verbindung von Zwillingen
- Kindergartenstart
- Schule - Trennung oder nicht?
- Urlaubsideen für den Sommer
- Rezepte für das Backen & Kochen mit Zwillingen

Wie Sie Ihre Beiträge schicken können, steht auf Seite 14.

Was finde ich jetzt wo, wenn es hier nicht mehr steht?

- Termine & Veranstaltungen finden Sie ab sofort auf unserer Internetseite www.twins.de
- Eine Übersicht über unser komplettes Buchprogramm finden Sie ebenfalls auf unserer Homepage unter www.twins.de
- Auch all die Hefte der bisherigen Zeitschrift, die man sich noch bestellen kann, sind unter www.twins.de zu finden.
- Neuerungen werden auch auf Facebook auf unserer Seite „zeitschrift zwillinge" oder im Blog www.zwillingemachenkriegenhaben.de bekannt gegeben.

Es lohnt sich also immer, auch einmal einen Blick auf unsere Homepage zu werfen oder einfach den newsletter auf www.twins.de zu abonnieren, da wir Sie dann immer einmal wieder mit unseren Neuerungen bekannt machen.

BEZUGSBEDINGUNGEN

- ZWILLINGE - DAS MAGAZIN löst unsere bisherige Zeitschrift ZWILLINGE ab.
- Erscheinungsweise: zweimonatlich.
- Erscheinungstermine sind: 28. Januar 2019, 25. März 2019, 27. Mai 2019 und 29. Juli 2019 (unter Vorbehalt) usw.
- Das Magazin kann einzeln oder im Abonnement bezogen werden.
- Einzelhefte kosten 7,99 Euro plus Porto 1,- Euro.
- **NEU:** Abonnements kosten 55,- € befristet auf 1 Jahr; 53,- € fortlaufend bis zur Kündigung eines Tages. Preise höher wegen Portoerhöhung.
- Abonnements gelten fortlaufend und mindestens 1 Jahr = 6 Hefte.
- Die Kündigung muss schriftlich erfolgen per E-Mail an info@twins.de oder per Brief (KEIN Einschreiben!!!) an unsere Adresse:

- ZWILLINGE, Postfach 40 11 11, D-86890 Landsberg am Lech.
- Unser Fax: 0049-(0)8344-809 95 40.
- Einzelhefte und Abonnements müssen vorausbezahlt werden.
- Unsere Bankverbindung: Hypovereinsbank Landsberg, Lutz von Gratkowski, IBAN: DE77 7202 0070 6110 3155 60, SWIFT-BIC: HYVEDEMM408
- Zahlung per Paypal geht in Verbindung mit unserer E-mail-Adresse. info@twins.de ABER: **Bitte Gebühren zu Ihren Lasten!**
- Alle Rechte für den Inhalt liegen bei Marion von Gratkowski, Verlag von Gratkowski, Postfach 40 11 11, D-86890 Landsberg.
- Unsere Internetpräsenz: www.twins.de, E-mail: info@twins.de
- Etwas unklar? Rufen Sie mich bitte an: Tel. 08344-809 95 39.

LESERBRIEFE: Euer Kontakt zur Redaktion

Briefe an die Redaktion

Eigentlich wollten wir die Rubrik „Leserbriefe" weglassen. Aber es wäre doch schade, wenn unsere Leserinnen und Leser keinen Beitrag mehr kommentieren dürften. Also - einigen wir uns darauf, nur zwei Seiten (statt bisher vier) zu veröffentlichen.

Emil, Sören und Björn haben es unseren Titelzwillingen (Leon und Leonie auf ZWILLINGE - DAS MAGAZIN Nr. 36) nachgemacht und sind auf's Eis gegangen. Inzwischen wird hoffentlich der Frühling Einzug halten.
Liebe Grüße von der Eisbahn! Wir waren Silvester nachmittags auf der Eislaufbahn in Chemnitz. Dies sind unsere ersten Versuche auf dem fremden Element Eis. Das war echt spannend und hat nach mehreren Malen auf dem Po sitzend auch richtig Spaß gemacht. Das war mal was anderes: Silvester auf dem Eis!
Wir wünschen ein gesundes neues Jahr 2019 mit vielen Abenteuern, aber auch gemütlichen Stunden mit der Familie ... liebe Grüße von Franziska und ihrer Familie mit Emil, Sören und Björn.

Emil, Sören & Björn sind zum ersten Mal auf dem Eis. Nach den ersten Ausrutschern geht es erstaunlich gut.

Kann man in ZWILLINGE - das Magazin über seinen eigenen Alltag mit Zwillingen schreiben? Natürlich JA. Diese Anfrage erreichte uns jetzt von Zwillingsmutter Bärbel aus Augsburg.
Ich erfuhr von einer Bekannten über diese Website und die Zwillingszeitschrift. Auch von der Möglichkeit, selbst einen Artikel zu verfassen, berichtete sie mir, woran ich großes Interesse hätte. Meine zweijährigen Zwillinge wurden in der 26. Schwangerschaftswoche geboren. Wegen der viel zu frühen Geburt gab es viele Komplikationen, Operationen und andere Stolpersteine. Im ersten Lebensjahr verbrachten wir über sechs Monate im Krankenhaus, da dann auch noch eine ausgeprägte Fütterstörung hinzu kam. Beide Jungs zählen als schwerbehindert. Hätten Sie Interesse an einem Artikel über uns? Mit freundlichen Grüßen - Bärbel K.

Das sagt die Redaktion dazu: Gerne können Sie etwas beisteuern! ZWILLINGE soll ja nicht nur von mir gemacht werden ... als Belohnung gibt's zwei Gratishefte mit Ihrem Beitrag. Sie haben ZWILLINGE ja nicht abonniert. Übrigens: Wir veröffentlichen die meisten Texte - auch Ihren - anonym. Warum steht auf Seite 14.

Zwillingsmutter Daniela K. hatte sich für ein Gratisbuch „Zwillinge fit für die Schule" beworben (und zugeschickt bekommen). Sie schickte mit ihrer Bewerbung auch ein Lob mit. Vielen Dank dafür!

Übrigens möchte ich ein Lob an Sie aussprechen. Mir gefällt Ihr Heft wirklich sehr gut. Wenn man Zwillinge bekommt, neigt man dazu, sämtliche Internetseiten aufzurufen, die nur annähernd etwas mit Zwillinge zu tun haben. Alles manchmal sehr verwirrend :-)
In Ihrem Heft stehen immer so tolle Ideen, Erfahrungen und auch manchmal nicht so tolle Themen, die aber super geschrieben sind. Einfach der ganz normale Alltag mit Zwillingen. Es macht mir einfach Spaß das Magazin zu lesen :-) - Daniela K.

Auf dem Bild mit Julian sitzt Zwilling Sophia vor dem großen Bruder und Zwilling Emma hat das Buch in der Hand.

Das sagt die Redaktion dazu:
Vielen Dank für Ihr Lob. Das freut mich wirklich. Leider hat das Internet unsere ehemals blühende Zeitschrift inzwischen fast komplett abgelöst. Dabei denke ich, dass Lesestoff in Papierform einem viel Mühe und Zeit erspart. So eine Internetsuche kann schon ziemlich dauern und dadurch eben zum Zeitfresser werden. Übrigens: ZWILLINGE - das Magazin gibt es auch als E-Book. Es kostet dann auch etwas weniger.

Korbinian und Vinzenz haben nur ein Faschingsfoto geschickt. Weil es so lustig ist, soll es hier nicht fehlen ...

SCHWANGERSCHAFT: Frühchenzwillinge auf gutem Weg

Extrem-Frühchen: unser schwerer Weg mit Luca und Nicolas

Für Bärbel und ihren Mann war die viel zu frühe Geburt ihrer Zwillinge ein Schock. Doch, wie schwer es für Luca und Nicolas und ihre Eltern werden würde, das ahnten sie nicht. Sie haben ihr Schicksal angenommen und sind sehr stolz auf die Erfolge in der Entwicklung ihrer Zwillinge. Lest selbst ...

„Luca kann inzwischen den Kopf in Bauchlage viel besser halten, Nicolas macht gerade die ersten vorsichtigen Gehversuche."

Wenn ich stolz über diese Erfolge meiner zweijährigen Zwillinge berichte, sind Außenstehende zuweilen etwas überrascht, stehen bei ihren gleichaltrigen Kindern vielleicht schon Dinge wie Laufrad fahren oder sauber werden an. Wenn ich dann jedoch unsere besondere Geschichte erzähle, freuen sich die Leute mit uns über jeden noch so kleinen Fortschritt.

Geburt in der 26. Schwangerschaftswoche.

Unsere beiden Buben wurden nach einer sehr dramatischen und traumatischen Schwangerschaft in der 26. Woche per Kaiserschnitt geholt. Dass uns mit so extremen Frühchen eine schwierige Zeit bevor stand, ahnten wir. Wie schwer die Zeit wirklich werden würde, war uns Gott sei Dank im Vorfeld nicht bewusst.

Beide Kinder mussten in den ersten Lebenswochen beatmet werden, da die Lungen viel zu unreif waren. Am dritten Lebenstag erlitt Luca eine Gehirnblutung zweiten Grades, was natürlich ein wahnsinniger Schock für uns war. Durch die Blutung konnte das Gehirnwasser nicht mehr adäquat ablaufen, so dass sich ein Hydrocephallus bildete.

Erste OP nach 18 Tagen - es wird leider nicht die letzte sein ...

Daher wurde er mit nur 18 Tagen das erste Mal am Kopf operiert, etwa zwei Monate später wurde ihm ein Shunt eingesetzt, durch den das Gehirnwasser in den Bauchraum abgeleitet wird. Leider entwickelte er nach dieser Operation eine Shuntinfektion (Meningitis). Er brauchte lange, um sich davon zu erholen.

Sein Bruder Nico musste sich mit nur 12 Tagen einer Notoperation am Darm unterziehen, auf Grund der gefürchteten Darmentzündung NEC. Für über zwei Monate lebte er daraufhin mit einem künstlichem Darmausgang.

Immer wieder neue Schreckensmeldungen.

Wenige Tage nach dieser ersten Operation ging es mit Lungenblutungen los, weswegen er kurzzeitig in eine andere Klinik
Weiter auf Seite 10.

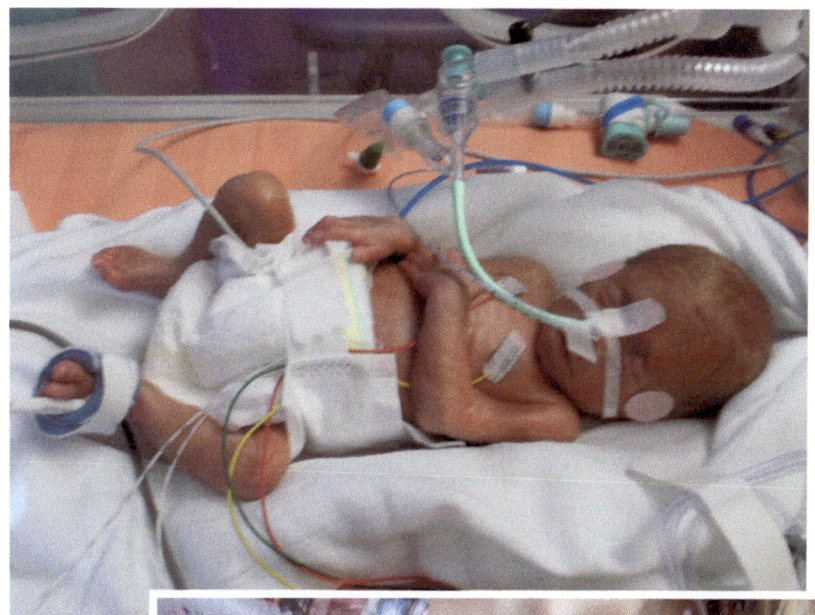

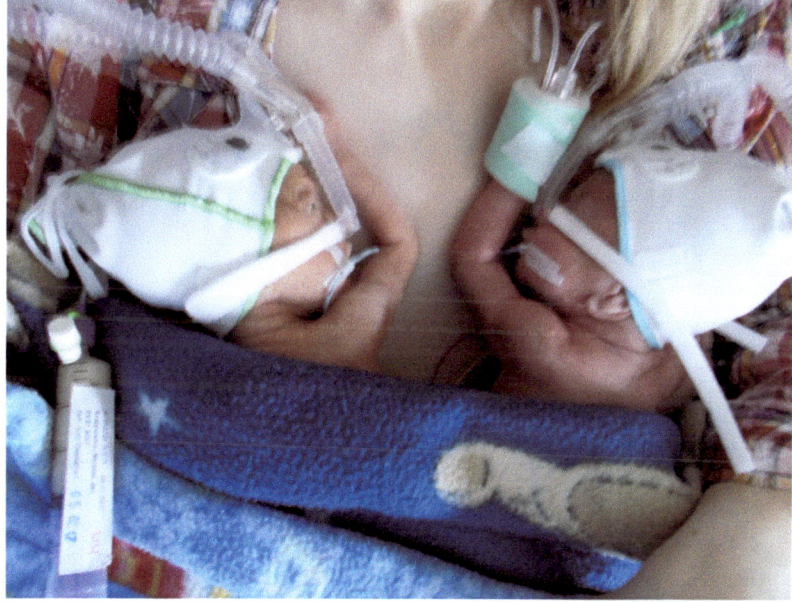

Nach dramatischer Geburt durch Kaiserschnitt in der 26. Schwangerschaftswoche werden Luca (oben und unten links) und Nicolas im Krankenhaus aufgepäppelt. Immer wieder gibt es Operationen, immer wieder neue Rückschläge. Aber schließlich haben es die beiden kleinen Extrem-Frühchen geschafft und dürfen nacht Hause. Nicht für lange, denn die problematische Situation bei der Aufnahme von Nahrung, macht einen neuen Klinikaufenthalt nötig.

verlegt werden musste, um am Ductus, der Verbindung zwischen Herz und Lunge operiert zu werden.

Die oben geschilderten medizinischen Hürden waren nur ein Teil der Komplikationen, die sich unseren tapferen Babys in den Weg stellten.

Die ersten Monate waren von extremer Sorge geprägt.

Da kann man sich vorstellen, dass die ersten Monate von extremer Angst und Sorge geprägt waren. Wir wichen nicht von der Seite unserer Kinder und wann immer es medizinisch möglich war, kuschelten wir mit ihnen, dabei ließen wir uns auch durch Beatmungsschlauch, Magensonde, Atemhilfe oder ähnlichem nicht abschrecken. Die körperliche Nähe tat uns allen gut, vermittelte Geborgenheit, Sicherheit und das Gefühl, dass doch alles gut gehen würde.

Wenn ich nicht gerade ein oder beide Babys bei mir auf der Brust liegen hatte, war ich mit dem Abpumpen der Milch beschäftigt. Eine sehr emotionale, nervenaufreibende Zeit, in der zu allem Überfluss mein Mann auch noch seinen Arbeitsplatz verlor.

Nach vier Monaten Krankenhaus gleich wieder rein.

Nach viereinhalb Monaten durften wir das Krankenhaus endlich verlassen, nur um nach drei Wochen wieder aufgenommen zu werden - wegen einer ausgeprägten Fütterstörung bei beiden Zwillingen.
Es folgte ein weiterer neunwöchiger Klinikaufenthalt mit verschiedenen Therapien wie Logopädie, Ergotherapie und Physiotherapie. Unsere Kleinen nahmen die Milch nur noch per nasaler Magensonde auf.
Mit viel Geduld, Therapien und ganz besonders dank der Hilfe unserer wunderbaren Osteopathin konnten Nico und Luca mit neun Monaten endlich ohne Magensonde ernährt werden. „Jetzt können wir etwas durchatmen, jetzt wird es entspannter", freuten wir uns. Doch leider währte dieses Gefühl nicht lange, denn nur wenige Wochen danach wurde bei Luca Epilepsie in Form von BMS Krämpfen diagnostiziert. Ein weiterer Aufenthalt im Krankenhaus folgte zur Einstellung der Medikamente und für eine sehr belastende Kortisontherapie.

In ihrem ersten Lebensjahr verbrachten unsere Söhne mehr als sechs Monate im Krankenhaus.

Nach den ersten zwei Jahren geht es langsam, aber stetig bergauf.

Nun sind die beiden zwei Jahre alt und wir können sagen, dass es langsam, aber stetig bergauf geht, wofür wir unendlich dankbar sind. Die Jungen gelten als schwerbehindert und haben einen Pflegegrad. Beide werden inzwischen komplett oral ernährt, wenn auch ihr Ess- und Trinkverhalten noch nicht altersgemäß ist. Sie sind beide nun auch nachts ohne Überwachungsmonitor, die Zeiten der Sättigungsabfälle und Atemaussetzer sind längst vorbei - wenn auch die Angst bei mir als Mama natürlich weiterhin tief sitzt.

Unser Alltag ist geprägt von vielen Therapien und Arztbesuchen, was ein hohes Maß an Organisationstalent fordert, besonders, da wir kein Auto besitzen. Zu behaupten, unser Leben wäre einfach, wäre eine Lüge, doch wir sind dankbar für unsere besondere Normalität, für zwei zufriedene Jungen, die sich in ihrem Tempo weiter entwickeln, für jedes Lachen und für jeden noch so kleinen Entwicklungsschritt, der uns geschenkt wird.

Und jetzt, da Sie unsere spezielle Zwillingsgeschichte ein wenig kennen, freuen

Das ist Bärbels Familie heute - die schwere Anfangszeit hat die vier noch enger zusammengeweißt.

Sie sich sicher mit uns, wenn ich erzähle, dass Luca trotz frühkindlicher Hirnschädigung versucht, mehr mit der schwächeren, linken Hand zu greifen oder Nico, ohne sich zu verschlucken, ein wenig Wasser trinkt.

Unsere Prioritäten haben sich durch unsere Zwillinge mit ihren Besonderheiten komplett verschoben, wir leben bewusster, schätzen Kleinigkeiten mehr und sind vor allen Dingen dankbar. (Bärbel K.-S.)

Eine Stimme für Frühchen

Wir verlosen ein Exemplar dieses wunderschönen Vorlesebuches für Frühchen. Wer Interesse hat, kann sich mit einer E-mail an info@twins.de bewerben.

Julia Schierhold-Urlichs, Tanja Sehrndt, „Eine Stimme für Frühchen - Geschichten zum Vorlesen am Inkubator", Grüner Sinn Verlag, 24,90 € (D), 25,70 € (A) ISBN 978-3-946625-07-0

DER 7. SINN: Wieso ahnen Mütter, dass Zwillinge kommen?

Zwillingsorakel oder warum ahnen Mütter, dass es zwei sind?

Ich persönlich schwöre auf die Vorahnung. Als ich zum ersten Mal Oma werden sollte, entwickelte der Hibiskus, der in meiner Gästetoilette überwintert, eine vollständig ausgebildete Blüte. Das macht er sonst nie. Jetzt wird mein zweiter Zwilling, Constantin, Vater. Es haben sich zwei Büten geöffnet ...

Gerade im Fall von Zwillingen scheinen Mütter eine gewisse Vorahnung zu haben. Wir haben in einer Gruppe auf Facebook mitgelesen, die diesen berühmten „Siebten Sinn" thematisiert hatte. Hier sind die Postings dazu:

Am Morgen, bevor wir zum Arzt gingen, und erfuhren, dass wir Eltern werden – Zwillingseltern – hatte ich ein Omelette zubereitet. Alle Eier, die ich dafür verwendete, hatten zwei Dotter! Und als sie in der Pfanne landeten, auch noch in Herzform. Wenn das kein Zeichen ist?! (Marianne)

Ich war schwanger und spürte auf beiden Seiten meines Bauches Bewegungen. In der Nacht vor dem ersten Ultraschall träumte ich, dass ich Zwillinge bekäme. Und tatsächlich: jetzt haben wir zwei Jungs - einen blonden und einen mit braunen Haaren. (Valerie)

Ich habe auch geträumt, dass ich Zwillinge bekäme. „Nein," sagte mein Arzt, „da ist nur eines!" Nachmittags wurde dann von einer anderen Ärztin ein Ultraschall gemacht. „Sie bekommen Zwillinge!" sagte sie. Auf dem Flur traf ich den Doktor wieder ... „Ha!", sagte ich, „ich habe recht gehabt! Es sind zwei!" Meine Zwillingsmädchen werden demnächst fünf Jahre alt. (Alicia)

Mein achtjähriger Sohn sagte mir auf den Kopf zu, dass ich schwanger wäre. Als ich es zugab (ich wollte nicht so früh davon erzählen), sagte er mir, dass es zwei Babys wären. Ein Mädchen und ein Junge. Allerdings waren es dann zwei Jungs, sonst würde ich meinen Sohn in Zukunft nach den richtigen Lottozahlen fragen können ... (Daniela)

Als ich mit Zwillingen schwanger war, hatte ich von meiner Großmutter geträumt. Sie war schon verstorben. In dem Traum schmuste sie mit zwei rosafarbenen Bündeln - Babys. Dann schickt sie eines davon runter zu mir. Es gab eine Pause, während der sie zu überlegen schien. Dann schickte sie das zweite Baby auch nach unten zu mir. Tatsächlich konnte man beim Ultraschall später feststellen, dass die Babys zu unterschiedlichen Zeitpunkten entstanden sein mussten. Das erklärte die Pause ... (Vicki)

Mein Mann hatte die Vorahnung. Noch bevor ich überhaupt wusste, dass ich schwanger war, meinte er: „Diesmal hat es geklappt". Und noch bevor ich zum Arzt ging, um die Schwangerschaft bestätigen zu lassen, sagte er: „Und es sind zwei!" Beim Arzt war davon nicht die Rede, aber ich war so sicher, dass mein Mann recht hatte, dass die dann doch einen Ultraschall gemacht haben. Und tatsächlich: es waren Zwillinge! (Bettina)

Ich arbeite als Zahnärztin. Einer meiner kleinen Patienten, ein Neunjähriger, der selbst ein Zwilling ist, sagte mir vier Monate bevor ich überhaupt schwanger wurde, dass ich sicher einmal Zwillinge haben würde. Dann wurde ich schwanger und tatsächlich - was für ein Schock! - es waren Zwillinge. Zufälligerweise war der Kleine kurz vor der Geburt meiner Zwillinge wieder bei mir in Behandlung. Diesmal sagte er, dass es Pärchenzwillinge wären (womit er recht hatte) und er sagte mir auch das genaue Entbindungsdatum voraus. Es war dasselbe Datum, das mein Arzt für die Kaiserschnitt festgelegt hatte. Allerdings gab es dann Terminschwierigkeiten und meine Zwillinge wurden ein paar Tage früher entbunden. (Christina)

Also ich hatte die ganze Zeit Träume von Zwillingen. Bald jede Nacht träumte ich von zwei Babys. Und wenn ich unterwegs war - beim Einkaufen, in der U-Bahn, im Bus, im Büro ... überall begegneten mir Zwillinge. Waren es wirklich mehr Zwillinge als sonst oder waren sie mir vorher nicht aufgefallen? Jedenfalls bekam ich dann Zwillinge. Ein Pärchen. (Kathi)

Mein Mann und meine Mutter hatten

Meine Beutelratte mit Zwillingen - hab' sie erst „danach" gekauft.

beide das Gefühl, dass ich mit Zwillingen schwanger sei. Drei Jahre zuvor hatte mir ein Vertreter (ich arbeite in einem Möbelgeschäft) prophezeit, dass ich sicher Zwillinge kriegen würde. Keine Ahnung, wie der Mann auf die Idee kam? Jedenfalls ging ich mit sehr gemischten Gefühlen zu meinem ersten Ultraschalltermin. Und Bingo! Es waren Zwillinge. (Kristen)

Wir haben Zwillinge in der Familie. Ich habe Tante und Onkel, die Zwillinge sind. Als ich mich in meine Frau verliebte, sagte ich ihr (ich war nicht mehr ganz nüchtern ...), dass wir sicher auch Zwillinge bekommen würden. Sie lachte sich kaputt ... bis sie drei Monate später schwanger war: mit Zwillingen. (Johann)

MITMACHEN: So können Sie sich am Magazin beteiligen

ZWILLINGE das Magazin - Die Mitmach-Zeitschrift für Zwillings- & Drillingseltern

So können Sie sich mit Beiträgen an ZWILLINGE das Magazin beteiligen: In fast 30 Jahren haben wir immer wieder festgestellt, dass die wahren Experten für Zwillings- und Drillingsthemen die Eltern sind. Viele Eltern haben darüber hinaus eine Qualifikation, die sie dazu prädestiniert, ihre Alltagserfahrungen mit anderen zu teilen. Sie sind selbst Erzieher, Lehrer oder Ärzte ... Erzieherinnen, Lehrerinnen oder Ärztinnen. Aber auch, wenn Sie ganz einfach „nur" Zwillings- und Drillingseltern sind - Ihre Erfahrungen, die Sie machen, sind von so unschätzbarem Wert für andere, für neue und werdende Eltern, dass sie unbedingt zu Papier gebracht werden sollten. Deshalb scheuen Sie sich nicht, uns zu schreiben und einen Beitrag zu irgendeiner Situation aus Ihrem Leben mit mehreren gleichaltrigen Kindern zu schicken. Ihre Erfahrungen und vor allem Ihre Tipps und guten Ideen sind gefragt.

Und so geht's: Sie schreiben - wie Ihnen der „Schnabel gewachsen" ist. Dies hier ist kein Aufsatzwettbewerb. Unsere Redaktion bearbeitet Ihren Beitrag, macht die Überschrift dazu, das Layout und formuliert die Bildunterschriften und die Zwischenüberschriften.

Ihr Beitrag sollte im Format .doc oder .docx, in „word" oder einem anderen, gängigen Schreibprogramm bei uns ankommen. Gern aber auch einfach direkt in der E-mail formuliert. Sie können Ihre Beiträge per E-mail senden an info@twins.de.

Wir nehmen aber nachwievor auch handschriftliche Beiträge, die ganz einfach per Post kommen. Unsere Adresse: ZWILLINGE, Postfach 40 11 11, D-86890 Landsberg. Schicken Sie uns auch Ihre Fotos mit. Am besten sind ganz normale Familienfotos, wie man sie mit jeder Digicam oder einem Handy machen kann. Um die entsprechend hohe Auflösung und die Druckfähigkeit kümmert sich unsere Redaktion. Und wenn Sie uns einen großen Gefallen tun wollen: benennen Sie Ihre Fotos mit denjenigen, die darauf zu sehen sind - also zum Beispiel MaxConnySpielplatz.jpg.

Wir belohnen es, wenn Sie uns einen Beitrag schicken:
Suchen Sie sich ein Buch aus

Und was bekommen Sie für Ihren Beitrag? In erster Linie natürlich helfen Sie anderen Zwillingseltern, die vielleicht noch ganz am Anfang stehen, mit ihren wertvollen Erfahrungen. Zweitens macht es auch einfach Spaß, über die eigene Familie zu schreiben und die eigenen Zwillinge in unserer kleinen Zeitschrift zu sehen.

Allerdings veröffentlichen wir Ihren Beitrag in der neuen Machart unserer Zeitschrift nicht mehr unter vollem Namen, es sei denn Sie wünschen das ausdrücklich. Der Hintergrund dafür ist, dass das neue ZWILLINGE - DAS MAGAZIN dadurch, dass es auch auf online-Portalen angeboten wird, einem größeren Leserkreis angeboten wird. Natürlich werden sich am ehesten betroffene Zwillings- und Drillingseltern für ZWILLINGE interessieren. Dennoch möchten wir jeglichem Missbrauch vorbeugen. Übrigens: Wer einen Beitrag für unser Magazin schreibt, erhält ein Exemplar des betreffenden Magazins gratis (zur Erinnerung) oder kann sich ein Buch aus unserem Programm aussuchen.

Dann kann's ja losgehen ... wir freuen uns und sind gespannt.

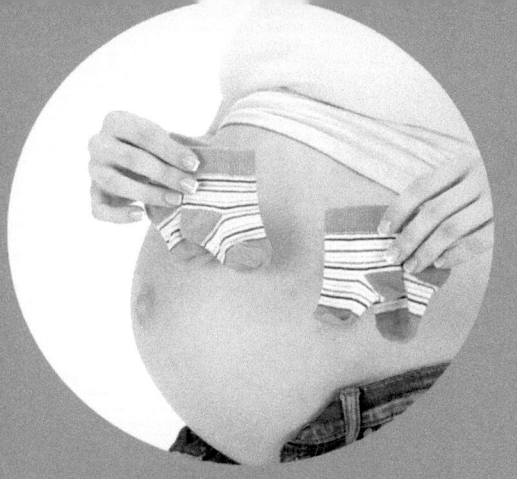

GEBURTSVORBEREITUNG FÜR ZWILLINGSSCHWANGERE
IN BERLIN

INHALT

- Wahl des Geburtsortes
- Erstausstattung
- Geburtsverlauf, Geburtspositionen
- Natürliche Geburt / Kaiserschnitt / BEL
- Informationen über Klinikroutinen
- Bindung vor und nach der Geburt
- Stillvorbereitung
- Die ersten Tage mit Zwillingen / Wochenbett
- Unterstützungsmöglichkeiten
- Frühchen
- Austausch und individuelle Fragen

PRAKTISCHE ÜBUNGEN

Atem- und Entspannungsübungen
Körperarbeit, Masssagen
Gedanken-/Geburtsreise
Schulung der Körperwahrnehmung

INFORMATIONEN

Wann:
Nächster Termin 15 - 16.6. 2019, weitere Termine auf Anfrage

Wo:
Stubenrauchstrasse 5
12161 Berlin

Wieviel:
Gesetzlichversicherte: keine*
Privatversicherte: 163,20 €
Partner: 120 € **

* Der Kostenanteil für Schwangere wird durch Teilnahmebestätigung direkt mit der Krankenkasse abgerechnet.
** Der Partneranteil wird von einigen Krankenkassen erstattet.

Wer:
Jana Friedrich (Hebamme)
Inga Sarrazin (Zwillingsmutter und Stillberaterin (AFS)

Wie:
jana@hebammenblog.de
inga.sarrazin@maternita.de

Was:
Versichertenkarte
gemütliche Kleidung
Partner

GLEICHZEITIG FÜTTERN: So geht's am einfachsten

Hier ist die achtarmige Mamakrake gefragt!

Bezeichnenderweise hieß bei uns die Fütterungszeit „Raubtierfütterung". Unsere Zwillinge hatten stets gleichzeitig Hunger. Und dann musste es schnell gehen. Doch, welche Verrenkungen ich mir auch einfallen ließ - nie klappte es ohne Stress. Unsere LeserInnen machen das besser.

Meine Söhne Simon und Lukas wurden im Juni geboren. Da ich alleinerziehend bin, musste ich im Grunde sechs oder acht Arme haben. Da wird man - gezwungenermaßen recht erfinderisch. Schnell ist ein sicheres!! Nest auf Mamas Bett, auf der Couch oder noch besser auf dem Fußboden gebaut. Als Flaschenhalter benutze ich das Stillkissen, Stofftiere, Spieluhren, Kissen, Handtücher - eigentlich alles, was man in Form bringen kann und in das man eine kleine Mulde drücken kann, damit das Fläschchen besser hält.

Sicherheitshalber Handtücher unterlegen wegen des Kleckerns.

Das hat sehr gut und recht lange geklappt. Wenn die Kinder zappeln, rutscht der Nuckel schon mal aus dem Mund, deshalb besser Anti-Klecker-Handtücher unterlegen. Wenn sie richtig hungrig waren, ist das nicht passiert.
Viele Grüße aus dem hohen Norden!
Uta S.

Unsere Töchter Anna und Marie sind in der 32. Schwangerschaftswoche geboren worden. Sofern wir beide Zeit hatten, haben wir natürlich jeder jeweils eine Tochter in den Arm genommen und dem Baby die Flasche gegeben. Doch wie beide Kinder gleichzeitig im Arm halten und dann auch noch die Flasche geben? Unsere Rettung in dieser Situation war dann das große Stillkissen, das sich meine Frau Sirka besorgt hatte. Dort konnte sie die Zwillinge gleichzeitig hineinlegen und die beiden konnten nicht zur Seite wegrollen. So hatten wir beide Hände frei, um Anna und Marie das Fläschchen zu geben.

Wir haben eine Art Schichtdienst eingeführt.

Sehr schnell haben wir uns auch daran gewöhnt, nicht mehr gemeinsam in der Nacht aufzustehen, um Anna und Marie zu versorgen. Wir wechselten uns ab und so war jeder von uns nur jede zweite Nacht „dran". Außer dem Fläschenfüttern war auch meist das übliche Programm zu absolvieren: Windel wechseln, Kinder trösten etc. Auf diese Weise konnte wenigstens einer von uns nachts vernünftig schlafen.
Zum nächtlichen Füttern haben wir Anna und Marie schon bald in ihre Babyautositze gesetzt/gelegt und konnten sie so wunderbar nebeneinander füttern, wenn wir uns mit den Fläschchen"bewaffnet" vor sie setzten.
Wir haben unsere Kinder auch stets zur

gleichen Zeit gefüttert, also einen gewissen Rhythmus eingehalten. Notfalls haben wir sie auch geweckt, um ihnen die Flasche zu geben.
Wir haben übrigens die Fläschchen für den ganzen Tag stets vorbereitet. So konnten wir bei Bedarf die Fläschchen schnell im Flaschenwärmer auf Trinktemperatur bringen. Matthias D.

Bei uns klappt das gemeinsame Fläschchengeben prima! Schon in der Schwangerschaft habe ich Eure Zeitschrift gelesen und auch die ganzen Bücher begleiten mich durch die erste stressige und ungewohnte Zeit ...
Meine Mädchen, Maxi und Jenny, kamen im September vor 1,5 Jahren per Kaiserschnitt in der 39. Schwangerschaftswoche zur Welt. Sie wogen 2.780 und 2.965 Gramm und waren 48 und 49 Zentimeter lang. Nach nur einer Woche konnten wir alle drei das Krankenhaus verlassen.
Da ich schon meine „Große", Saskia, nicht stillen konnte, reichte auch bei den beiden die winzige Menge Milch nicht aus, so dass schon im Krankenhaus zugefüttert werden musste. Nach vierzehn Tagen habe ich dann ganz abgestillt und seither werden meine Mädchen mit dem Fläschchen gefüttert.

Den ganzen Tag Fläschchen füttern? Dann lieber eine gute Idee, wie es besser klappt.

Für mich stellte sich schon frühzeitig die Frage, wie ich beiden gleichzeitig die Flasche geben kann, um möglichst nicht rund um die Uhr Babys zu füttern. Erst die eine, dann die andere zu füttern, kam nicht in Frage, da ich nur mit Jenny alleine schon mehr als eine Stunde dasaß.
Am Anfang, als die Fläschchen noch klein waren (mit einer geringen Menge Milch), legte ich beide nebeneinander auf's Sofa, eine Decke oder ein kleines Kissen unter dem Kopf und rein mit den Fläschchen. Mein Rücken hat es gerade

Zwillingskissen mit Zusatznutzen

Das „Kissen mit Pfiff" und zwei Extra-Kopfpolstern dient nicht nur als Stillkissen. Auch das Fläschchenfüttern wird erleichtert und die Zwillinge können es eines Tages nutzen, um bestens abgestützt aufgewahrt zu werden.

Mehr Informationen über das Zwillingskissen bei Zwillingsmutter Annette Wulf unter

www.zwillingsburg.de

so ausgehalten, da die Fläschchen relativ schnell geleert wurde. Später dann, als die Mädchen fünf Monate alt waren und längst nicht mehr auf dem Sofa nebeneinander Platz fanden, hatte ich auch schon eine neue Idee.

Maxi, die ruhigere von beiden, legte ich als erstes in die Mitte auf's Sofa, setzte mich daneben, hob Jenny, die mobilere, auf meinen Schoß, mit dem Kopf auf der Armlehne, nahm die Flaschen, die ich mir in der Sofaecke bereit gestellt hatte und los ging's.

Unter die eigenen Arme legte ich mir ein Kissen zum Aufstützen. Für mich war es schön, dir Mädchen zu beobachten. Auch, als sie größer wurden, behielten wir es so bei, da die Beine der beiden aneinander vorbei ausgestreckt werden konnten.

Hauptsache, Mama kriegt keinen Krampf in den Händen.

Erst, als sie ganz allein das Fläschchen halten konnten, legte ich sie nebeneinander auf eine Decke und die beiden tranken dann allein.

Achtung! Aufpassen, dass das erste Kind nicht vom Sofa fällt, während man das zweite Baby holt! (Jeanette L.)

Erst passten Maxi und Jenny nebeneinander auf's Sofa (siehe oben) - später mussten sie etwas versetzt zueinander gefüttert werden. Not macht erfinderisch!

KNUDDELKNOTEN: Tasten und Fühlen für Babys
Je bunter & quietschiger, desto besser ...

Als frisch gebackene Oma komme ich in den Genuss, neueste Errungenschaften auf dem Spielzeugmarkt zu testen. Ich kaufte einen sogenannten Knuddelknoten. Dieses bunte Spielzeug begeistert die Kinder - nicht immer die Eltern. Meine Schwiegertochter steht mehr auf „Altrosa" ...

Um es vorweg zu nehmen: Josephine, mein Enkelkind, fand das Spielzeug toll. Es ist nicht nur quietschbunt, sondern quietscht auch, knistert und hat eine Klingel eingebaut. Und wenn dann mal die Zähne kommen, dann kann man auch herzhaft reinbeißen. Beißringe gehören nämlich auch noch dazu.

Das Spielzeug stammt vom Spielzeughersteller Tomy und wird unter dem Markennamen Lamaze vertrieben. Es macht Babys vor allem deshalb Spaß, weil es bunt ist und auch so schöne Geräusche macht. Und Omas macht es Spaß, weil die Babys dann so schön und auch sinnvoll beschäftigt sind. Das Einhorn bringe ich diesmal mit ...

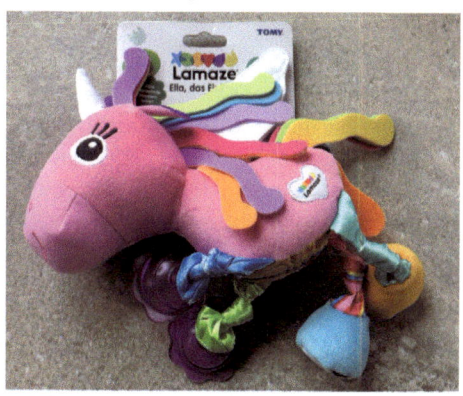

Unsere Buch-Zwillinge zum Thema „Zwillinge & Drillinge stillen"

Seit vielen Jahren zählt Susanne Wittmairs Buch „Zwillinge stillen" zu den Standardwerken für Zwillings- und Drillingsmütter. Im Spätherbst hat es jetzt eine Ergänzung bekommen: das neue Stillbuch von Inga Sarrazin, das Zwillingsmütter direkter anspricht und auch Blankoseiten für ein kleines, eigenes Still-Tagebuch enthält.

Beide Bücher gibt es im Buchhandel und auch unter www.twins.de - bei uns sogar in einem kleinen Sonderangebot - weil wir ein neues Heft ZWILLINGE - DAS MAGAZIN gratis mitschicken.
Das Stillbuch von Inga Sarrazin hat ein neues Cover.

SCHNELLE TIPPS: praktische Ideen von Eltern für Eltern

Schnelle Tipps & gute Ideen für Zwillinge

Zwillings- und Drillingseltern müssen vor allem praktisch denken. Deshalb haben sie Tipps und Ideen auf Lager, die wirklich hilfreich sind. Haben Sie auch einen Vorschlag, der auf diese Seite passt? Her damit!
Unsere E-mail: info@twins.de

Sicherheit im Zwillingshaushalt steht immer oben an. Zwillingsmutter Margit hat ihre wichtigsten Schränke mit Schiebeverschlüssen gesichert.
Was sich bei uns auch sehr bewährt hat, sind Schiebeverschlüsse für Schranktüren. So habe ich unser Alltags- und Kindergeschirr in einem Schrank in Kinderhöhe im Esszimmer untergebracht und jetzt mit so einem Schiebeverschluss gesichert. Somit ist es für unsere Zwillinge Lennart und Torben (derzeit 20 Monate) unerreichbar. Cedric und Aliena, die älteren Geschwister, sechs und vier Jahre alt, können diese Schiebeverschlüsse inzwischen selbständig öffnen und können deshalb auch helfen, den Tisch zu decken, was sie schon sehr schön machen.
Inzwischen habe ich alle Schranktüren in Kleinkindhöhe verschlossen, egal, was in dem Schrank untergebracht ist, um so zu vermeiden, dass die Schränke auf einmal ausgeräumt werden und ich sie dann mühsam wieder einräumen muss. So kann ich bestimmte Schränke, zum Beispiel Schuhschrank, Plastikgeschirr, Tupperware, Küchenschüsseln, Wäsche etc., zum Ausräumen für die Zwillinge „freigeben" und offen lassen. Was sie ausräumen, wird dann halt wieder eingeräumt. Wenn man immer nur einen Schrank (und das abwechselnd) offen lässt, bleibt das Spiel „Ausräumen" länger interessant. (Margit W.)

Zwillingsmutter Andrea wollte ihre Erinnerungen sammeln. Sie legte pro Zwilling einen Ordner an. Später sollte ihr eine sogenannte „Erinnerungskiste" helfen.
Auch ich wollte unbedingt ein paar Erinnerungen sammeln und dachte mir: „Wie wäre es, einfach allen in ein Fotoalbum zum kleben?" Doch die Sachen erwiesen sich als zu voluminös. Nie hätten die Strampler, die ich auch aufheben wollte, da rein gepasst.
Also nahm ich einen Ringordner, den ich mit normalen DIN A4 Karteikarten bestückt habe. Die sind handlich und doch fest genug. Dadurch, dass die Karteikarten nicht fest in dem Ordner eingebunden waren, ließen sich dort auch Dinge wie Namenskettchen aus der Klinik und Babysöckchen unterbringen.
Übrigens: der Ordner für das erste Jahr (natürlich für jede einen extra) umfasst nicht nur die Zeit von der Geburt bis zum ersten Geburtstag. Er beginnt mit den Fotos der Eltern beider Familien, mit Fotos aus der engeren Verwandtschaft. Auch die Großeltern, also die Urgroßeltern der Zwillinge, sind vertreten. Wo es möglich war, habe ich die Hochzeitsbilder verwendet.
Langfristig werde ich allerdings auf die Idee mit der „Erinnerungskiste" umsteigen, da die Bastelarbeiten der Zwillinge, die ich auch aufheben möchte, zunehmend plastischer werden und dann wieder kein Platz dafür im Ordner ist. Und wie mache ich es

mit der zeitlichen Einordnung? Was zuunterst liegt, ist das älteste Stück?

Das sagt die Redaktion: Wenn man nicht gerade ganze Strampler aufheben möchte - schöne Ideen, Tagebuch zu führen, stellen wir auf den kommenden Seiten (ab Seite 22) vor.

Zwillingsmutter Andrea (eine andere Andrea) hat zur Beschäftigung ihrer Zwillingsjungs eine Schaukel im Durchgang zur Küche angebracht.
Die Idee könnte von mir (MvG) sein ... ich hatte auch so eine Konstruktion.
Andrea schreibt dazu: „Schaukeln macht Spaß - wenn's sein muss, zu zweit! Florian (oben) und Tobias (unten) im Alter von 19 Monaten."

Schaukel notfalls für zwei

Demnächst wieder neu: Habt Ihr noch Tipps für uns? info@twins.de

Alle Jahre wieder wird der Ausstattungsratgeber für Zwillings- und Drillingseltern neu überarbeitet. Er gilt als beste Grundlage, um sich bei den vielen Ausrüstungsgegenständen zu orientieren. Die 4. Auflage enthält noch mehr Hinweise auf Rabatte, Rabattcoupons und eine Liste spendabler Hersteller. Die 5. Auflage ist in Vorbereitung.

Das praktische Ringbuch gibt es im Buchhandel oder bei www.twins.de

ISBN 978-3-927058-71-2, 18,99 €

ERSTES LEBENSJAHR: So haltet Ihr Erinnerungen fest

Tagebuch führen: die schöne Zeit festhalten

Die Zeit rast ... war es nicht erst gestern, dass ich als junge Mutter verzweifelt versuchte, meine Zwillinge Maximilian und Constantin gleichzeitig zufrieden zu stellen (was mir nie wirklich gelang)? Damals schrieb ich alles auf. Und ich schrieb es mir ein bisschen von der Seele. Heute bin ich froh, dass ich mir die Zeit dafür genommen habe. Mein Tagebuch von damals ist mein größter Schatz. Heute gibt es vorgefertigte Bücher dafür.

Es ist fast egal, an welcher Stelle ich mein altes Tagebuch aufschlage ... ich möchte eigentlich keinen Tag mit meinen Zwillingen missen ... aber ich möchte auch nicht in diese Zeit zurück katapultiert werden. Ich bin froh, dass ich diese Phase hinter mir habe.

Während ich Milch abpumpte, schrieb ich Tagebuch.

Das kleine chinesische Büchlein, dem ich meine Erlebnisse und Gedanken anvertraute, wurde damals zu meinem wichtigsten Ventil, um Stress abzubauen. Und Stress - den hatte ich mit frühgeborenen Zwillingen wahrlich genug.
Aber, wem erzähle ich das ... das kennen ja die meisten von Euch auch.

Viele lustige Passagen gibts auch.

Es gibt aber auch lustige Passagen, wie zum Beispiel diese: „... Maxi ist der tollste Spinatfresser aller Zeiten und Conny ist alles andere, nur keinen Spinat ..." (wusste ich gar nicht mehr. Bei Constantin, der heute als Koch alles kocht und

Weiter auf Seite 24

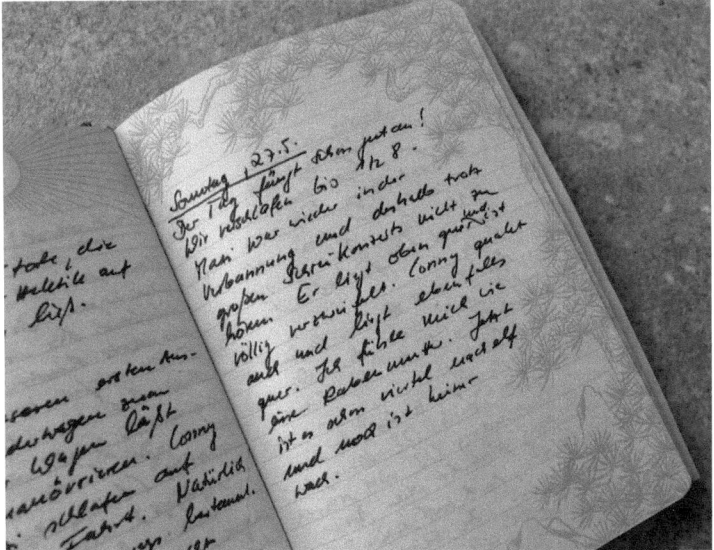

Irgendjemand hatte mir ein kleines chinesisches Büchlein geschenkt. Das benutzte ich als Tagebuch, um meine Erlebnisse als junge Zwillingsmutter aufzuschreiben.

Das Zwillings-Babyalbum (links) ist eher etwas für Eltern, die nicht so viel schreiben möchten. Zu jedem Thema gibt es aber ein Plätzchen zum Beschriften ...

Für Schreibmuffel sind die Meilenstein-Karten. Hier kann man Fotos aufkleben oder die Karten verschicken.

Für den, der ein bisschen mehr schreiben möchte, ist unser eigenes Tagebuch, das außer vielen Blankoseiten für das Tagebuchschreiben viele gute Tipps für neue Zwillingseltern bereithält.

Die Zwillingskarten von Milestones werden u.a. bei www.zwillingsburg.de angeboten. Enthalten sind 48 Karten, auf denen man sich die wichtigsten Meilensteine der Zwillinge notieren kann und zum Fotoshooting legt man die entsprechenden Karten zu den Babys .. und hat so eine doppelte Erinnerung. Die Milestonekarten kosten 22,90 €.

immer noch nicht alles isst, kann ich mich nur an seinen legendären Auftritt als Vierjähriger in einem Eckernförder Fischgeschäft erinnern. Damals kommentierte er unsere Einkäufe jeweils mit einem herzhaften „Pfui Geier!" - der ganze Laden lachte.

Unser Tagebuch unter Verschluss.

Die vielen lustigen Storys habe ich übrigens in einem Buch namens „Zwillinge - das kann ja (h)eiter werden" verbraten. Damals habe ich lange drüber nachgedacht, ob ich das durchweg witzige Buch für alle interessierten Zwillingseltern zugänglich machen soll ... ich habe mich letztlich dagegen entschieden. Nicht, weil die darin enthaltenen Geschichten peinlich wären, aber weil auch meine Jungs ein bisschen Privatsphäre brauchen. (MvG)

Die schönsten Zwillingstagebücher & Erinnerungskarten

- Unser 1. Jahr mit Zwillingen, Edition Kirchweihtal, Text: Andrea Gisbert, Illustrationen: Uta Knyrim, Herstellung & Verlag: BoD - Books on Demand, Norderstedt, 136 Seiten, 1. Auflage Februar 2019, ISBN 978-3-7481-7852-1, 22,99 Euro.
- light Version (ohne Tipps), 124 Seiten, ISBN: 978-3-7481-7858-3, 19,99 Euro.
- ZWLLINGS Babyalbum - Hurra, Ihr seid da!, EMF Verlag, ISBN 978-3-96093-047-1, 19,99 Euro.
- Ihr werdet größer! Meilensteinkarten für Babys 1. Jahr - für Zwilline, EMF Verlag, GTIN 42-60478-34027-5, 9,49 Euro.
- Zwillingskarten von Milestones **(bei www.zwillingsburg.de)**. 22,90 €.

KINDERZIMMER Live: Trockenbaum im Test mit Josephine

So trocknen Eure Baby-Fläschchen besser

Als zu Weihnachten meine erstes Enkelchen, Josephine, zum ersten Mal bei uns in Bayern zu Hause war, besorgte ich einige Ausstattungsgegenstände, die ich nun live testen kann. Für die übersichtliche Aufbewahrung von Fläschchen schaffte ich einen Trockenbaum von Munchkin Sprout an.

Erstmals aufmerksam auf dieses seltsame Ding aus Plastik wurde ich durch die Zuschrift unserer Leserin Svenja. Die Zwillingsmutter aus Lübeck hatte einen Trockenbaum von Munchkin Sprout in Benutzung. Also machte ich mich schlau und erfuhr, was das ist. Der Munchkin Sprout ist ein Ständer, der wie ein kleiner Baum aussieht (Trockenbaum). Seine Äste lassen sich drehen und jeder seiner Äste kann eine ausgewaschene und sterilisierte Babyflasche zum endgültigen Trocknen und Aufbewahren aufnehmen.

Der Hersteller Munchkin schreibt selbst: „Wer all seine Babyflaschen hygienisch lufttrocknen möchte, für den hat Munchkin die Lösung. Der Sprout Trockenständer sieht nicht nur gut in der Küche aus - er sorgt auch dafür, dass die Arbeitsflächen ordentlich und aufgeräumt bleiben. Auf den Ästen ist Platz für 12 Flaschen unterschiedlicher Größe und auf dem Aufsatz des Auffangbeckens kann jede Menge Zubehör - auch noch so klein - getrocknet werden. Das Auffangbecken ist drehbar, so dass Sie einfachen Zugriff auf alle Teile haben und der Beckenboden hält Ihre Arbeitsfläche trocken. Wenn Ihr Besuch Sprout in Ihrer Küche blühen sieht, wird er grün vor Neid."

Dem ist eigentlich nichts hinzuzufügen. Allerdings hatte ich ja jetzt die Möglichkeit, das interessante Zubehörteil zu testen. Ich räumte eine ganze Ecke in unserer großen Küche für Josephines Fläschchen frei und baute den kleinen Trockenbaum auf. Josephines Mama, meine Schwiegertochter Stephanie, ignorierte das praktische Teil erst einmal. Also nahm ich es in Betrieb und steckte alle Fläschchen drauf und verräumte die kleinen Sauger. Perfekt.

Fortan war der Munchkin Sprout in Betrieb und Finchens Fläschchen waren nicht nur gut aufgeräumt, sondern trockneten schön vor sich hin.

Fazit: Ein wirklich nützliches Teil. Der Kandidat kriegt 100 von 100 Punkten. (MvG)

Praktischer geht nicht: ein Flaschentrockner

ZWILLINGSZIMMER: Gute Wohnideen sind wichtig ...

Ein Stockbett mit vielen Kuscheltieren

Stockbetten sind immer eine gute Idee für Zwillinge. So haben beide ein eigenes Bett und es gibt mehr Platz zum Spielen, sollten die Zwillinge sich ein gemeinsamen Zimmer teilen. Doch wie sicher sind solche Etagenbetten? Besteht die Gefahr, dass eines der Kinder aus dem Bett fällt? Zwillingsmutter Gerlinde hat sich da etwas überlegt.

Wir haben eineiige Zwillinge, die jetzt fünfeinhalb Jahre alt sind. Als die dreieinhalb Jahre alt waren, haben wir für sie ein Stockbett angeschafft, da wir das Gefühl hatten, die Gitterbettchen engen Christiane und Julia ein.

Bei Stockbetten muss der unruhigere Zwilling unten schlafen.

Christiane, die Erstgeborene, ist die unruhigere von beiden. Sie steht auch jetzt noch oft nachts auf, um uns zu sagen, dass sie wach ist. Deshalb haben wir sie ins untere Bett des Stockbetts „verfrachtet".
Julia, die in ihrer Art ruhiger ist, schläft fast jede Nacht durch. Sie durfte also den oberen Stock beziehen.
Damit sie aber wirklich sicher ist und nicht doch noch aus dem Bett fallen kann, hatte ich dann folgende Idee:

Drei Fliegen mit einer Klappe: Christiane und Julia haben ein neues, größeres Bett. Julia kann nicht aus dem oberen Bett fallen und die Kuscheltiere sind bestens aufgeräumt.

- Das Hochbett wurde also aufgestellt.
- Parallel zum Bettrand oben wurde eine Leiste direkt an die Decke gedübelt.

- Wir besorgten uns auf dem Flohmarkt eine Hängematte.
- Die wurde mit Ösenschrauben auf der einen Seite an die Holzleiste eingehängt und an der anderen Seite am Bettrand.

So ist das obere Bett von einem Netz umgeben, nur die Einstiegstelle ist frei.

Als angenehmer Nebeneffekt entstand auch Platz für die vielen Kuscheltiere, die Christina und Julia inzwischen gesammelt haben. (Gerlinde W.)

Die Werkdachsbücher gibt's auch im Buchhandel

Im letzten Heft (ZWILLINGE - DAS MAGAZIN NR. 36) haben wir Euch die Bücher vom Werkdachs vorgestellt, die Kinder - auch Zwillinge - an das Arbeiten mit Holz heranführen sollen. Man kann sie immer noch gewinnen, aber natürlich auch kaufen.

Im letzten Heft ZWILLINGE Januar/Februar 2019 haben wir zwei Böcke geschossen ... und ich stelle hiermit richtig:
1. Ist Ulja Krautwald, die Autorin der Werkdachsbücher mitnichten die Frau von Pelle, der in Hamburg eine Werkstatt für Kinder betreibt, die gerne mit Holz arbeiten wollen. Ulja ist die Mutter von Pelle. Pelles Frau heißt Helena und macht natürlich auch mit beim Werkdachs-Projekt.
Und 2. kann man die Bücher natürlich nicht nur bei uns gewinnen, wenn man einen Beitrag schreibt, sondern auch im Buchhandel kaufen ...
Natürlich kann man sie auch direkt in der Werkdachs-Werkstatt kaufen.
Was wir sonst noch für Bücher unter Euch verlosen/verteilen/verschenken könnt Ihr auf unserer Homepage sehen. Ich bemühe mich, die Liste aktuell zu halten. Schaut einfach mal unter www.twins.de - Beitrag gegen Bücher.

- *ISBN 978-3-943349-13-9*
- *ISBN 879-3-943349-14-6*

ZWILLINGSBEZIEHUNG: Zwillinge immer 1 Herz & 1 Seele?

Streit statt Spiel: warum sich Zwillinge oft so schwer tun

Zwillingseltern treibt es zum Wahnsinn, wenn sich ihre Kinder lieber streiten als schön zusammen zu spielen. Ist das eine Phase? Warum ist das so? Kann man, soll man eingreifen? Auch Zwillingsmutter Karin macht sich ihre Gedanken.

Meine Zwillinge sind zweieinhalb Jahre alt. Und genau wie viele andere Zwillingsmütter, die schon in ZWILLINGE geschrieben haben, warte ich sehnsüchtig darauf, dass sie miteinander und nicht gegeneinander spielen.

Streit & Geschrei den ganzen Tag

Leider ist die Realität momentan so, dass von morgens bis abends nicht zehn Minuten vergehen, ohne dass einer der beiden in ein ohrenbetäubendes Geschrei ausbricht. Es nützt auch nichts, die Spielsachen doppelt anzuschaffen. Denn es ist immer interessanter, dem anderen etwas wegzureißen. Es ist nicht nur in der Wohnung so, sondern auch auf dem Spielplatz, wenn es dort nur eine Schaukel gibt. Dann gibt es ein Riesengeschrei,

Da weiß sogar der Kasperl nicht mehr weiter ... wenn Zwillinge miteinander streiten, können die Fetzen fliegen ... Hört der Streit von allein auf oder können Eltern etwas tun?

wenn beide auf die Schaukel gleichzeitig wollen. Manchmal habe ich das Gefühl, sie können nicht miteinander, aber auch nicht ohne einander spielen.

Außenstehende können es nicht kapieren, dass Zwillinge streiten

Für mich ist das Schlimmste daran die Reaktion der außenstehenden Leute. Die meisten können nicht begreifen, dass sich Geschwister und erst recht Zwillinge nicht ohne Streit und ohne einander zu kneifen oder zu beißen miteinander beschäftigen können. Dabei ist es ein riesengroßer Unterschied, ob sich zwei Geschwister, die gleich alt sind oder Geschwister, die ein, zwei Jahre auseinander sind spielen. Ich habe den Vergleich zu meiner Tochter, die 16 Monate älter als die Zwillinge ist.

Zwillinge wollen immer dasselbe, keiner steckt zurück.

Bei den Zwillingen fehlt einfach die normale Altershierarchie. Kinder, die unterschiedlich alt sind, können unterschiedliche Sachen, dürfen unterschiedliche Sachen, mögen unterschiedliche Sachen und das schafft den nötigen Abstand. Zwillinge konkurrieren immer miteinander - das sehen wir schon an unseren Jungs, die ja eigentlich noch zu klein sind, um echte Konkurrenz zu empfinden.

Wird der Streit von allein weniger? Das hoffen wir.

Wir haben schon viel unternommen, um den Streit zu bändigen, aber leider ohne Erfolg. Ich hoffe jetzt nur noch, dass der Streit von allein weniger wird, wenn sie älter werden.
(Karin A.)

Zwillinge immer ein Herz und eine Seele?

Wie ist es bei Euch? Kennt Ihr solche Szenarien oder kommen Eure Kinder besser miteinander aus? Sollen sich Eltern einmischen? Oder ist es besser, wenn sich die Zwillinge allein miteinander auseinandersetzen?
Schreibt uns ein paar Zeilen an
info@twins.de

SICHERHEIT: Leuchtsterne machen Fahrräder sicherer

Kleine Sternchen - bessere Sichtbarkeit von Fahrrädern

Wenn Kinder Fahrrad fahren sind sie oft schneller unterwegs als uns Eltern lieb ist. Und wenn sie dann auch noch schlecht zu sehen sind, wird es noch gefährlicher, denn auch, wenn sie auf dem Gehweg fahren, können sie von Autofahrern, die aus einer Einfahrt kommen, übersehen werden.

Unter dem Motto „Sicher und cool mit dem Fahrrad durch die dunkle Jahreszeit" haben die Zwillinge Juli und Paula kleine Sternchen an ihren Fahrrädern angebracht, beziehungsweise anbringen lassen. Jetzt sind sie im Winter und jetzt in der Übergangszeit, die oft schon früh dämmrig ist, besser zu sehen. Ihre Mama Sarah schreibt dazu:
„Heute haben wir eeendlich die Fahrradlichter, die die Kinder von Julis Patentante Fini zu Weihnachten bekommen hatten, angebaut.
Außerdem haben wir die coolen Sternchen und bunten Reflektoren, die unter anderem im Adventskalender von Omaria (Spitzname von Oma Maria) drin waren, an den Speichen befestigt. Letztere machen zudem tolle Klappergeräusche damit einen auch jeder draußen wahrnimmt ;-)

Paula (links) und Juli wollten die Leuchtsternchen gleich ausprobieren.

(Speichendeko „Star" von der Firma Filmer; Speichen-Klicker-Reflektoren von der Firma Ultrasport)

Gut sichtbar im Dunklen.

Natürlich mussten wir vorhin gleich eine Runde im Dunkeln drehen, was Paula etwas unheimlich, aber auch sehr aufregend fand. Juli fuhr taff wie immer vorneweg und ich musste wie üblich einen Treffpunkt hinterher brüllen (zum Beispiel „Bis zur dritten Laterne und dann STOPP!").

Stolz präsentiert Juli ihr Fahrrad, das nun endlich mit den leuchtenden Sternchen bestückt wurde. Jetzt wird sie im Frühling sicherer unterwegs sein.

Auch Zwillingsschwester Paula hat jetzt Sternchen, die im Dunkeln reflektieren an den Speichen ihres Kinder-Fahrrads.

Info zu den Sicherheitsprodukten unter:

- Suchwort „Speichendeko Star" bei Google eingeben. Firma Filmer verkauft über Ebay und Amazon.
- Suchwort „Speichen-Klicker-Reflektoren Ultrasport" eingeben.

An unsere Abonnenten: Wenn Sie umziehen oder bereits umgezogen sind ...

Bitte unbedingt Ihre neue Adresse mitteilen. Die Zeitschrift wird als Büchersendung verschickt, deshalb teilt uns die Post Ihre neue Adresse **NICHT** mit. Schreiben Sie uns eine E-mail an: **info@twins.de**

PARTNERLOOK: Auch im Schwimmbad beliebt - Barts

Gleiches Bikinidesign für Mama & Töchter

Eine gute Idee: Mama und ihre Zwillingstöchter im gleichen Bikini - so findet man sich im Schwimmbad schnell wieder. Der holländische Designer Bart Koene (Label: Barts), der die ersten Accessoires selbst nähte, hat jetzt auch Bademoden im Programm. Uns sind sie aufgefallen, weil es sich ergänzende Badeklamotten für Mama & Töchter oder Papa & Jungs gibt.

Der Accessoire-Spezialist BARTS aus Amsterdam präsentiert erstmals für Spring/Summer 19 eine Swimwear-Kollektion. Sie umfasst Bikinis und Badeanzüge, dazu passende Strandkleider und darüber hinaus Badeshorts für Herren und Jungs. Mit dieser Kollektion für Groß und Klein kann die warme Jahreszeit kommen! Bunt gemusterte Badeanzüge und Bikinis mit fantasievoll tropischen Prints machen Lust auf Sonne und Meer. Für die kleinen Damen gibt es einige Teile im „Mummy-and-me-matching-Look" und auch die Jungs können im Vater und Sohn Partner-Look am Strand auftrumpfen, um einen unvergesslichen Tag in der Sonne zu verbringen.

Mutter & Tochter - gleicher Look

ZWILLINGSKLEIDUNG: Warum nicht mal Partnerlook?

Streifen für alle: Juli, Sarah und Paula im Partnerlook

Die Frage, ob man Zwillinge gleich oder nicht gleich anziehen soll, ist ein ständiges Thema für uns. Mama Sarah wollte einmal zeigen, dass sie und ihre Zwillinge Juli und Paula zusammen gehören. Das ist ihr gut gelungen. Sie schreibt:

Eigentlich kleide ich meine Zwillinge Paula und Juli der Individualität und Einfachheit wegen (wir bekommen auch viele gebrauchte Sachen) nicht typisch zwillingsmäßig.

Als ich jedoch an der besten Freundin meiner Kinder und deren Mama Partnerlook-Kleider gesehen hatte, musste ich einfach auch für uns so etwas bestellen.

Im Onlineshop Lesara gibt es viele Outfits, die man für beide Geschlechter in Kinder- und Erwachsenengrößen bestellen kann und die Preise sind völlig in Ordnung.

Info unter: **www.lesara.de**

ZWILLINGETREFFEN: Alle Zwillinge von Jahrgang 2017

Das Klinikum Obergöltzsch lädt ein

Das Jahr 2017 war ein regelrechtes Zwillingsjahr für das Klinikum Obergöltzsch in Rodewisch. Schwester Kersten hatte die Idee, alle Babys aus diesem Jahr zusammen mit ihren Eltern einzuladen, um so neue Kontakte der Zwillingseltern untereinander zu schaffen. Spontan haben alle zugesagt.

Das Jahr 2017 war ein gutes Geburtenjahr im Klinikum Obergöltzsch Rodewisch. Die Besonderheit war die große Anzahl (für unser Klinikum) von Zwillingsgeburten. Nicht jedes Jahr werden in unserem Klinikum zehn Zwillingspaare geboren.

Zwillingsboom in Rodewisch.

In unserem Klinikum werden Zwillinge immer mit großer Freude von Ärzten und Personal erwartet und betreut. So wurden 2017 im Klinikum insgesamt sechs Mädchenpaare, zwei Jungenpaare und zweimal Pärchenzwillinge = Junge/Mädchen geboren.

Und Zwillingseltern haben ohne jeden Zweifel die doppelte Arbeit. Viele Mütter überschätzen aber auch ihre Kräfte, weil sie meinen, es ohne Hilfe zu schaffen. Für viele Frauen ist es schon eine Erleichterung zu wissen, dass es anderen ähnlich ergeht und sie mit ihren Anfangsproblemen nicht allein dastehen.

Sinnvoller Erfahrungsaustausch.

Das brachte Schwester Kersten auf die Idee, Zwillingseltern zusammen zu führen, damit sie sich untereinander austauschen können.
Die Erfahrung zeigt, dass fast jede Zwillingsmutter erstmal damit überfordert ist, Babyzwillinge zu versorgen. Man muss nur bedenken, dass der gesamte Tagesplan doppelt-gemoppelt abläuft.

Zwillingsmütter brauchen erfahrungsgemäß vorerst viel Unterstützung bei der Betreuung ihrer Zwillinge. Sie sind für Tipps und Ratschläge immer sehr zugänglich. Zwillingsmütter haben auch viele Fragen, wenn es um das Stillen und Füttern geht. Die Nahrungsversorgung ihrer beiden stellt eine der größten Herausforderungen dar, hat Schwester Kersten in ihrer langen Laufbahn festgestellt.

Wie mache ich aus 24 Stunden einen sinnvollen Tag?

Die Frage: „Wie plane ich den neuen Tagesablauf mit zwei Babys?" stellt für viele frischgebackene Zwillingsmütter die größte Hürde dar. Da macht es Sinn, die „Betroffenen" zusammen zu bringen, damit sie sich über ihre besondere Situation austauschen können.

Das Klinikum hatte schon einmal mit sehr großer Resonanz ein Zwillingstreffen mit unterschiedlichen Jahrgängen veranstaltet. Dies wird nun das zweite größere Treffen sein, an dem alle Zwillingseltern eines Jahrgangs teilnehmen sollen.

Bisher hatten wir keine regelmäßigen

Treffen, obwohl wir durchaus den Bedarf dafür sehen.

Weitere Jahrgangstreffen sind geplant.

Wir hoffen aber, dass es weitere Jahrgangstreffen dieser Art geben wird. Wir planen voraussichtlich, immer ein bestimmtes Geburtsjahr einzuladen. Bedarf ist ja da. Bei der Einladung für die 2017 geborenen Zwillinge haben alle Eltern spontan zugesagt!

(Nancy Ryssel, Öffentlichkeitsarbeit/Ausbilderin)

Eine gute Idee für alle frischgebackenen Zwillingseltern: die Geburtsklinik veranstaltet ein Treffen, an dem alle teilnehmen und sich austauschen können. Die Situation mit Zwillingen ist ja besonders genug. Und so haben alle „2017er" spontan zugesagt.

Wo finden Zwillingstreffen & Zwillingsflohmärkte statt?

Alle großen Veranstaltungen finden Sie mit dem genauen Termin auf unserer Homepage unter www.twins.de.
Geplant sind noch Flohmärkte in Berlin (7. April 2019), Mainz (ständige Treffen), Kornwestheim (6.4.2019), Bad Wildbad (ständige Treffen), Würzburg (Stammtisch). 17. Zwillingstreffen der CATwins am 31. August 2019 in Berlin. Informationen dazu unter: www.zwillingstreffen.de - Anmeldeschluss: 13.7.2019

FAMILIENCHAOS: Hier kommt der Chaos-Killer

Schon mal auf einen Legostein getreten?

... das macht richtig „Aua"! Und für dieses Event gibt es jetzt das richtige Buch „Die 50 besten Chaos-Killer für Familien". Gerade Zwillingsfamilien können vom Chaos ein Lied singen.

Mit Kindern kommen viele neue Dinge in unser Leben und unseren Haushalt. Mit Zwillingen gefühlt doppelt so viele ... Anfangs stehen Windelboxen und Fläschchen herum. Später stolpern wir über Legosteine im Wohnzimmer und finden Puzzleteile im Bad. Und dann ist da noch die bange Frage, wo der Elternbrief von der KiTa hingekommen ist und welches Datum für das Fest dort stand.

Aufräum-Coach Rita Schilke und Mediatorin Angelika Jürgens wissen, wie Familien wieder Ordnung in die eigenen vier Wände bringen. Sie haben die 50 besten Chaos-Killer in einem Ratgeber zusammengestellt, der aktuell im TRIAS Verlag erschienen ist.

Wenn im Kinderzimmer der Platz für die Holzeisenbahn fehlt, Kleidungsstücke nur noch zerknittert aus dem übervollen Kleiderschrank gefischt werden, und Papa schon zehn Minuten entnervt nach den Gummistiefeln sucht, nimmt das Chaos zu viel Raum im Familienalltag ein. „Sobald die heimische Unordnung beginnt, uns zu ärgern oder gar zu erdrücken und zu einem chaotischen Leben führt, wird es Zeit, daran etwas zu ändern," raten die Autorinnen, die sicher nicht bei einer Zwillingsfamilie „Maß genommen" haben. Sie empfehlen, gemeinsam mit der ganzen Familie ein Zukunftsbild zu entwickeln, das so konkret wie möglich beschreibt, wie die einzelnen Räume der Wohnung im aufgeräumten Zustand aussehen. So sollte es im Flur genug Platz für Taschen, Jacken und Schuhe geben. Andere Dinge, wie etwa die beiden Puppenwagen und die Lenkdrachen für die Zwillinge, gehören dort jedoch nicht hin.

Dieses konkrete Ziel dient vor allem der Motivation. Wenn es dann an das konkrete Aufräumen geht, sollte sich jedes Familienmitglied immer nur einen abgesteckten Bereich, wie zum Beispiel *eine* Schublade, vornehmen. Jeder Gegenstand, der sich darin befindet, wird genau begutachtet: Wann habe ich diese Handschuhe zuletzt getragen? Brauche ich wirklich drei Paar oder wäre jemand anderes damit vielleicht glücklicher als ich? Ist ein Bereich geschafft, sollte sich die Familie mit einer gemeinsamen Unternehmung belohnen.

Rita Schilke und Angelika Jürgens, „Die 50 besten Chaos-Killer für Familien", TRIAS Verlag, Stuttgart. 2019 Buch: EUR [D] 9,99 EUR [A] 10,30, E-Book (epub): EUR [D] 8,49 EUR [A] 8,49, ISBN Buch: 978-3-432108-71-1 ISBN E-Book (epub): 978-3-432108-72

FÜR BASTELFREAKS: Das große Werkbuch für Kinder

Das große Werkbuch für Kinder

In ZWILLINGE - das Magazin 36 (Jan./Feb.2019) haben wir Euch schon Bücher vom Werkdachs vorgestellt, der Kinder an behutsam an Holzarbeiten heranführt (siehe auch Seite 27). Hier ist jetzt ein großes Allroundbuch für Kinder, die schon etwas weiter sind und basteln und werken möchten.

Etwas zusammen basteln und herstellen - egal ob aus Papier, Pappe, Gips, Ton, Stoff oder Holz macht der ganzen Familie Spaß - vorausgesetzt, die Familie an Spaß an solchen gemeinsamen Tätigkeiten. Hier ist das Buch für Euch: „Das große Werkbuch für Kinder" - hier findet Ihr alle Grundlagen, die Ihr braucht, um gemeinsam Sinnvolles zu basteln.

Sinnvolles basteln und mit Spaß dabei sein.

Das Buch informiert nicht nur über alle Materialien, sondern zeigt Kindern (und Erwachsenen) spielerisch und anhand zahlreicher Illustrationen, wie man mit Werkstoffen umgehen kann.
Dazu braucht Ihr natürlich Werkzeug und auch das wird hier in dem Buch vorgestellt. Und die richtigen Techniken dazu.
Wenn Ihr die Grundlagen zum Werken „intus" habt, könnt Ihr sie auch gleich anwenden. Denn dafür hat das Buch 30 Projekte parat, die Ihr nachbasteln könnt.
Was sind das für Projekte? Zum Beispiel eine Unterwasserwelt aus Papier oder ein beweglicher Roboter aus Holz, eine selbstgebaute Waschstraße mit integriertem Motos oder ein Luftschiff, das zum Beispiel aus einer alten Kunststoffflasche hergestellt wird.
Dank der Step-by-step-Anleitungen ist es gar kein Problem, die Ideen nachzubasteln. Vielleicht sollte anfangs ein Erwachsener helfen. Das Buch eignet sich für Kinder ab 6 Jahren. Und dann sind ja die Zwillinge auch zu zweit und kommen sicher auch gut ohne Hilfe klar.

Buch gegen Beitrag - schreibt an info@twins.de.

Da wir alle Bücher, die wir hier vorstellen, auch verlosen, stellen wir es wieder auf www.twins.de in unsere Liste der Bücher, die Ihr Euch für einen kleinen Beitrag, den Ihr für ZWILLINGE schreibt, aussuchen könnt.

Claudia Huboi, Claudia Scholl, „Das große Werkbuch für Kinder", Haupt Verlag, 25 Euro, ISBN 978-3-258-60195-3

DAS KINDERKOCHBUCH: So lernen Kinder kochen

Kinderleicht kochen mit Zwillingen & Drillingen

Dass Backen und Kochen eine tolle Beschäftigung für Zwillinge und Drillinge ist, wissen die meisten Mütter. Jetzt haben wir ein Buch gefunden, dass das Kochen noch leichter macht ... vorausgesetzt, Sie haben die Aufgaben unter den Zwillingen gerecht verteilt.

Die meisten Zwillingsmütter wissen, dass Zwillinge sich mitnichten immer miteinander oder selbst beschäftigen. Oft brauchen sie etwas Anregung und einen Erwachsenen, der sie anleitet und auch dafür sorgt, dass weniger Streit entsteht.

Die Küche ist ein wunderbarer Ort, an dem Zwillinge lernen können, zusammen zu arbeiten, auch mal dem anderen den Vortritt zu lassen und dann gemeinsam das leckere Werk zu bestaunen, das nur so gut gelingt, weil Teamwork angesagt ist.

Die kleinen Küchenhelfer brauchen genaue Anleitung und Aufgaben.

Wenn man Zwillinge in die Küchenarbeiten mit einbindet, hat man einen zusätzlichen positiven Effekt: Kinder lernen gesunde Lebensmittel kennen und schätzen. So ist schon mancher Essmuffel kuriert worden.

Als hätten sie geahnt, dass unser Kochbuch, das wir heute vorstellen, in Blautönen gehalten ist ... auch die Zwillinge aus der Schweiz, Gianluca und Laurin, kochen „in blau" ...

Das Ruck-zuck Mitmach-Kochbuch ist genau das Richtige, um Zwillinge in die kreative Küchenarbeit einzubinden. Hier gibt es genaue Anleitungen, unterstützt mit großzügigen Zeichnungen. Fast könnte man die kleinen Köche allein werkeln lassen. Aus Sicherheitsgründen würde ich trotzdem dabei bleiben ...

Na, wem läuft da nicht das Wasser im Mund zusammen ... schon die Rückseite des Buches macht Lust auf's Kochlöffel-Schwingen.
Wir verlosen das Buch („Beitrag gegen Buch") ... mehr dazu unter www.twins.de
Kaufen kann man es auch:
15,00 Euro (D)
15,50 Euro /A) unter
ISBN 978-3-96093-034-1

FOTOPARADE: Bussi Bussi - so haben wir uns lieb!

Die Zwillinge Malte und Nele sind meistens ein Herz und eine Seele.

Beste Freunde: Caro links und Flori, die eigentlich Caroline und Florentine heißen.

Sehr vorsichtig ... die Annäherung dieser beiden Zwillingsmädchen.

Neue Fotos gesucht ... wir nehmen immer noch gerne Fotos ... schickt sie an info@twins.de

FOTOPARADE: Bussi Bussi - so haben wir uns lieb!

Helena und Matteo gehen auch sehr zärtlich miteinander um ...

Nase an Nase ist es doch am schönsten: **Mike und Fiona.**

Nicht nur zum gemeinsamen Geburtstag ein Herz und eine Seele: **Gianluca und Laurin.**

UNTERSCHIEDE: Vergleiche sind manchmal erlaubt.

Jeder Zwilling ist einzigartig - ein Erfahrungsbericht

Hören Außenstehende des Wort „Zwillinge", denken sie meist an eineiige Zwillinge, die sich nicht nur ähnlich sehen, sondern auch noch ähnlich sind. Zwillingsmutter Bente wusste früh, dass sie Pärchenzwillinge erwartete. Und die sind wirklich gar nicht gleich.

Das doppelte Lottchen, die Zwillinge aus der Ratiopharm-Werbung: Als ich erfuhr, dass ich Zwillinge bekomme, hatte ich im allerersten Moment eineiige Zwillinge vor Augen. Identische Gene, identisches Aussehen …Obwohl fünfzig Prozent aller Zwillinge zweieiig geboren werden, geht es, so mein persönlicher Eindruck, vielen ähnlich.

Pärchenzwillinge sind niemals so ähnlich wie eineiige Zwillinge.

Doch schon früh stand bei mir fest, dass ich ein Pärchen bekommen würde, also eindeutig zweieiige und auch nicht gleichgeschlechtliche Zwillinge, die „nur" eine Hälfte ihres genetischen Erbmaterials miteinander teilen würden. Es ist sozusagen so, dass sie Geschwister sind, die zufällig am selben Tag geboren wurden.
Gene hin, Gene her: Zwillinge sind etwas Besonderes und zwar jeder Zwilling für sich!
Mads und Silje, die ja nun zweieiig sind, sind also am selben Tag geboren, Mads ähnelt in seinem Aussehen und seiner Persönlichkeit allerdings eher seinem großen Bruder Janne. Während Mads aktuell noch viel Kleinkindtypisches an sich hat, ist seine Zwillingsschwester Silje schon mehr in die Höhe geschossen. Sie ist ein paar Zentimeter größer und auch schlanker und sportlicher gebaut. Beim Klettern und Turnen ist sie Mads deshalb weit voraus.
Auch charakterlich sind sie sehr unterschiedlich. Silje ist wild und bezaubernd, sie stürzt sich tatsächlich mit jeder Faser ins Leben.
Mads ist dagegen ruhig, er beobachtet und bewertet Situation erst, bevor er entscheidet, was er tut. Silje ist unruhig, ihr fallen tausend Sachen gleichzeitig ein und sie hat die wildesten Ideen. Sie hinterlässt Spuren, wo sie geht und steht. Sie bleibt am Tisch nicht sitzen, muss zum An- und Ausziehen gedrängt und überredet werden und hört nicht auf das, was wir sagen.

Silje - eine kleine wilde Hummel, die man einfangen muss ...

Im Straßenverkehr dürfen wir ihr keinen Meter über den Weg trauen, sie muss an die Hand. Aber Silje ist immer gut gelaunt, fröhlich und man kann ihr keine Sekunde lang böse sein.

Mads (links) mit seinem großen Bruder Janne ... die beiden sind sich ähnlicher als die Zwillinge. Und - wie man hier sieht: immer sind sie zu Späßen aufgelegt.

Mads ist sehr lieb und immer der erste, der sich entschuldigt oder bereit ist, Sachen zu teilen oder nachzugeben. Mads würde bei einem „Stopp" sofort stehenbleiben. Er räumt sein Geschirr ohne Aufforderung weg und ist der erste, der sich von allein fertigmacht. Mads hat einen verschmitzten Humor und große Freude an kleinen Späßen.

Getrennte Kindergartengruppen? Keine Frage für mich.

Vor Kurzem sind Mads und Silje vier Jahre alt geworden. Weil sie charakterlich so unterschiedlich sind, war es für mich keine Frage, ob ich sie in getrennte Kindergartengruppen gehen lasse. Sie sind schon mit zweieinhalb in eine altersübergreifende Gruppe gekommen

Silje - hier zwischen ihren Brüdern - ist die Wilde Hilde im Trio. Sie hat viele Ideen und ist immer gut gelaunt.

Stifte richtig halten, sie malt gerne und viel. Sie ist ganz klar motorisch weiter. Mads fährt lieber noch Laufrad oder im Fahrradsitz mit. Er ist nicht so draufgängerisch wie Silje, er beobachtet, während Silje ausprobiert. Er spielt dafür ausdauernd, konzentriert und für sein Leben gern Brett- und Gesellschaftsspiele, wofür Silje noch gar kein Verständnis, Interesse oder Geduld zeigt. Mads liebt unsere Tafel in der Küche, kennt alle Buchstaben und schreibt erste Wörter. Während Mads seit einem halben Jahr trocken ist, will Silje sich partout nicht von ihrer Pampers trennen.

Ich finde es gut, dass sie so ungleich sind, denn trotz der Gegensätzlichkeiten fällt es mir immer wieder auf, wie die Umwelt die Zwillinge als Einheit wahrnimmt und behandelt – was nicht immer gerecht ist. So bekommen wir, wenn Kirmes ist, bei drei Kindern nur zwei Gutscheinkärtchen.

Alles in allem habe ich aber nicht Janne und die Zwillinge, sondern Janne, Mads und Silje, drei wunderbare Kinder und jedes für sich ist einzigartig und besonders. (Bente M.)

Typisch Mädchen: Silje verkleidet sich gerne ...

Bücher, die bei der Entscheidung für oder gegen gemeinsame Gruppen helfen

Das Buch gibt es unter www.twins.de und im Buchhandel.
19,90 Euro
ISBN 978-3-927058-15-6.

Das Buch gibt es unter www.twins.de und im Buchhandel.
16,90 Euro
ISBN 978-3-927058-69-9.

KOLUMNE: Autorin Sigrun Eder erzählt aus ihrem Alltag

Erstes Schuljahr - und jetzt das erste Zeugnis!

Astrid und Janna haben „Semesterferien", wie es in Österreich heißt. Und damit ein erstes Zeugnis bekommen. Sie freuen sich über ein „Sehr gut" und Mutter Sigrun tüftelt in den Ferien einen neuen Dienstplan aus. Ihre Elternzeit endet. Doch jetzt wird erst einmal Ski gefahren!

Es ist geschafft! Ich und die wenigen Eltern, die noch morgens ihre Kinder in die Schule begleiteten, warteten auch zu Semesterschluss als Empfangskomitee im Schulhof. Die eine Mama hatte einen Süßigkeiten-Blumenstrauß, die anderen hielten bloß wie ich die zu waschenden Skihosen oder das Turnsackerl in der Hand, welche wir zuvor aus der Garderobe geholt hatten.

Mit einem „Sehr gut" können sich Astrid, Janna und die Mama freuen!

Für einen kurzen Augenblick fragte ich mich, ob auch ich mit einem Präsent aufwarten hätte sollen. Doch ich bin der Meinung, eine selbstausgesuchte Kinderzeitschrift würde als Anerkennung ausreichen. Insbesondere, weil es im Alltag immer wieder gute Gründe für die Erfüllung kleinerer und größerer Wünsche gibt.
Und dann stürmten schon Astrid und Janna mit einem stolzen Grinsen im Gesicht nach draußen. Mit Freude verkündeten sie ihre Gesamtnote „Sehr gut" und informierten bereits die anwesenden Eltern über das Semesterzeugnis deren Kinder. Und jetzt trat auch dank der Blitzinformation Entspannung ein.
Voller Erleichterung und Vorfreude auf die schulfreien Tage machten wir uns auf den fünf Minuten-Weg nach Hause, packten Jacken und Schultaschen in das zuvor eingeräumte Auto und holten Onkel Gregor ab. Mein schlechtes Gewissen, statt eines Mittagessens bloß Mandarine, Apfel, Grissini und Schokolade als Snack im Auto zu servieren, hielt sich in Grenzen. Immerhin fuhren wir zu Opa und Oma und dort schmeckt es Astrid und Janna besonders gut, also wieso Zeit verschenken?
Übrigens als ich zuletzt selbstgemachte Schnitzel - als Vegetarierin wohlgemerkt - zum Mittagessen machte, wurde weit weniger gegessen als bei den Großeltern. Auf mein Nachfragen erhielt ich die Antwort, dass das Essen besser schmeckt, wenn mehr Leute am Tisch sitzen. Die Ansicht klang plausibel, am Schnitzel lag es bestimmt nicht, das hat laut eines zusätzlichen männlichen, erwachsenen Testessers vorzüglich gemundet.

Jetzt geht es in den Ferien zu Oma und Opa ...

Nun wir fuhren von der Stadt aufs Land, vorbei an den immer mehr kleiner werdenden Schneewechten links und rechts der Straße. Die von Opa präparierte Bobbahn neben dem Haus war mangels Abwesenheit der Enkelkinder etwas aus der Form gekommen, doch das Skifahren hatte Priorität. Nachdem wir in der Winter-

Der schönste Schwung beim Skifahren ist der „Einkehrschwung" ... das wissen auch schon Janna (links) und Astrid, die in den Ferien mit Mama, Oma, Opa und Onkel Gregor Skifahren.

Ein Buch vom Älterwerden und Sterben: „Ade geliebte Amelie"

Amelie, die alte Leitstute, wird immer kraftloser. Schon bald wird sie ihre Herde nicht mehr anführen können und sterben. Hengstfohlen Miko kann das nur schwer verstehen. Amelie soll ewig leben! Mikos Mama hilft ihm, ganz bewusst von Amelie Abschied zu nehmen. Gemeinsam mit den anderen Pferden begleiten Mama und Miko die tapfere Amelie bis zu ihrem letzten Tag im Winter.

„Ade, geliebte Amelie! - Das Bilder-Erzählbuch vom Älterwerden und Sterben" ermöglicht Kindern, das Sterben als Prozess zu begreifen und wertvolle Erinnerungen festzuhalten. Mit Eltern und Freunden können sie auf den zahlreichen Mit-Mach-Seiten im Anschluss an die Pferdegeschichte über Tod, Trauer und Abschiednehmen reden und ihre Gedanken und inneren Bilder dazu aufschreiben und aufmalen.

Ein Buch der Kindersachbuchreihe „SOWAS!" von Psychologin Sigrun Eder (www.sowas-buch.de), die im Verlag edition riedenburg, Salzburg erscheint.

Verlag edition riedenburg
www.editionriedenburg.at
ISBN 978-3-903085-99-2, 14,90 Euro

saison 2018/2019 nur circa dreimal am Babylift geübt hatten, wollten wir wie vergangenes Jahr auf unseren Lieblingsberg. Die Kinder nicht, die Erwachsenen schon. Denn dauerhaft Babylift und den Hang mit Schuss runterfahren fordert zu wenig heraus.

Und es geht zum Skifahren - Schnee ist ja genug da!

So machten wir uns auf den Weg nach Bramberg am Wildkogel, wo wir mit der Smaragdbahn zur Bergstation fuhren. Es war ein fantastischer Tag, der Himmel blitzblau, die Temperatur wie im Frühling und die Piste bestens. Und Astrid und Janna machten ihre Bögen und den Pflug so, als ob sie bei mir daheim auf den Brettern großgeworden wären. Ich war mächtig stolz.

Astrid bestand darauf, konsequent durchzufahren und fand das Pausen machen nervig. Janna wiederum fuhr dem Opa hinterher und die Oma sicherte sie nach hinten ab. So ging es dreimal rauf und runter und in der Gondel gab es Mannerschnitten zum Naschen.

Später kehrten die Mädels mit den Großeltern ein, so konnte ich noch ein paar Abfahrten in meinem Tempo machen. Einfach herrlich!

Bei schlechtem Wetter gibt's Mathe statt Skifahren.

Ganz dem Wetterbericht folgend fuhren wir zwei Tage Ski und machten zwei Tage wegen starken Schneefalls und Wind Pause. In dieser Zeit übten wir für die Schule Kopfrechnen, Astrid und Janna schrieben die aufgetragenen Lernwörter, misteten die Schultasche aus und wir gingen zu „Mia und der weiße Löwe" mit dem Opa ins Kino und genossen den Winter im angenehm temperierten Haus.

Nachdem die Zeitschrift ausgesucht und erstmals selbst gelesen wurde, bastelten sie mit Oma aus Styropor-Kugeln einen Schneemann in ihrem Lieblingszimmer im „Mausloch".

Ich hingegen tüftelte an meinem Dienstzeitmodell. Denn im Mai endet meine Elternteilzeit und ich werde zehn Stunden mehr in der Klinik tätig sein. Das bedeutet für Astrid und Janna einen zusätzlichen Tag in der Nachmittagsbetreuung. Ich hoffe, sie gehen dann schon eigenständig in die Schule. Erst in der Woche vor der Semesterferien haben sie den Wunsch geäußert, einen Teil des Weges alleine zu gehen. Ich wäre sehr froh, wenn sie sich das bald zutrauen, denn am Können scheitert es nicht. Außerdem würde ich 45 Minuten eher in die Arbeit kommen und sie so früher in der Nachmittagsbetreuung abholen können.

Eine morgendliche Frühbetreuung in der Schule ab 7.15 Uhr ist der Wunsch einiger Eltern, auch meiner. So könnten die Kinder gut empfangen werden und die Eltern wären entlastet. Der Elternverein sieht das genauso, da bin ich auch Mitglied. Doch zuerst braucht es laut Vorgabe eine Bedarfserhebung.

Warum wird es berufstätigen Eltern immer so schwer gemacht?

Und das ist der Punkt, der mich empört. Im Betriebskindergarten und in den Kindergärten in den Umlandgemeinden ist es möglich, mitten in der Stadt soll das noch ein zu diskutierender Punkt sein. Wie soll da die Arbeit und das Mamasein auf einen Nenner gebracht werden?

Möglicherweise weiß ich in der nächsten Ausgabe von ZWILLINGE schon mehr. Ich werde mich dafür stark machen.

Eines weiß ich gewiss: Astrid und Janna gefällt die Schule gut und das macht schon vieles leichter! (Sigrun Eder)

ALLEINERZIEHEND: Mit Stundenplan schaffen wir's

Allein zu dritt: mit etwas Planung kommen wir zurecht

Viele Einlingsmütter stöhnen schon unter der „Last" mit nur einem Kind. Sie kriegen nichts mehr auf die Reihe. Und dann staunen sie, wenn sie eine Zwillingsmutter treffen, die das Leben mit dem doppelten Nachwuchs positiv anpackt. Christine aus Berlin ist so eine. Und sie ist alleinerziehend.

Während der Schwangerschaft und in den ersten viereinhalb Monaten, die meine Zwillinge Vivien und Vanessa jetzt alt sind, habe ich viel über Kinderpflege und Kindererziehung gelesen. Bis auf wenige Absätze ging es allerdings immer nur um ein Kind. Auf Zwillingsliteratur bin ich erst jetzt gestoßen und möchte gleich einmal etwas über meine Situation schreiben.

Kann man mit nur einem Kind total fertig sein?

Auf der Straße, in Geschäften und anderswo werde ich immer wieder von anderen Müttern gefragt, wie man as schaffen kann mit Zwillingen, sie würden schon mit einem Kind total fertig sein.
Dabei kann ich das gar nicht verstehen. Von Müttern aus unserer Krabbelgruppe und vom Mütterkreis höre ich oft, dass ihre Sprösslinge schon seit dem dritten/vierten Monat durchschlafen. Ich hingegen stehe noch jede Nascht zwischen vier- und fünfmal auf.

Unser Alltag läuft ganz gut.

Ich bin alleinerziehende Mutter, trotzdem muss ich sagen, dass wir mittlerweile auch ohne mitgelieferter Gebrauchsanweisung, unseren Alltag ganz gut meistern. Anfangs haben wir natürlich alles mögliche ausprobiert, bis wir unseren Rhythmus gefunden haben. Aber jetzt sind wir - meine Zwillinge und ich - schon ein einigermaßen gut eingespieltes Team. Sicherlich gibt es auch heute noch Tage, wo sie quengeln und ich dann auch gereizt bin, aber diese Tage sind eher Seltenheit geworden.
Wir haben uns im Lauf der Zeit einen regelrechten Stundenplan erarbeitet. Dazu war es nur nötig, aufzuschreiben, wann haben sie Hunger, wann werden sie müde, vor allem wieviel Schlaf benötigen sie.

Gebadet wird bei uns immer am Morgen - da sind sie noch nicht so quengelig ...

Zum Beispiel bade ich meine beiden morgens und nicht abends, wie es immer wieder empfohlen wird. So kommen wir abends nicht unter Zeitdruck, wenn sie müde und hungrig werden, sondern sie werden nur noch gefüttert und dann geht's ab ins Bett. So aufregend, wie ihr kleines Leben noch ist, geht das ja manchmal von jetzt auf gleich.
Durch diesen „Stundenplan" ist es mir möglich, Termine zu machen, die ich auch einhalten kann, mich mit Freunden zu ver-

Zwillinge sind eigentlich eine Aufgabe für zwei. Wenn man alleinerziehend ist, hilft ein relativ fester Stundenplan.

abreden, meinen Haushalt zu schaffen, Besorgungen zu machen, ja sogar meinen Hobbys nachzugehen oder stundenweise zu Hause zu arbeiten und die Wachphasen meiner beiden Kleinen mit ihnen gemeinsam zu verbringen.

Wenig Schlaf und trotzdem fühle ich mich ausgeruht.

So bin ich trotz des wenigen Schlafes und der „doppelten Belastung" ausgeruht und meine Zwillinge danken mir dies, in dem sie ausgeglichen und zufrieden sind.

Wenn sie dann abends in ihren Bettchen liegen und friedlich schlafen, schaue ich sie mir manchmal an und freue mich schon auf den nächsten Tag mit ihnen und frage mich, was er wohl Neues bringt. Es st so schön, jeden Tag zu entdecken, was sie wieder Neues gelernt haben, wie sie sich entwickeln und wir Zwillingsmütter - und natürlich auch die Zwillingsväter - können uns dann doppelt freuen. (Christine T.)

Fotos für das Titelbild von ZWILLINGE - DAS MAGAZIN

Wir sind ständig auf der Suche nach schönen Fotos, die sich für die Fotoparade, aber auch für das Titelbild eignen. Diesmal haben wir das schöne Foto mit den Zwillingen Leon und Lukas schon im Sommer 2017 bekommen. Pech nur, dass es trotz Sonnenbrillen nicht zum Sommer passte. Aber jetzt: Bald ist der Frühling in vollen Gange und die Sonnerbrillen müssen wieder rausgeholt werden ...
Wer uns ebenfalls ein schönes Foto schicken möchte, kann dies am besten mit dem Programm WeTransfer machen, mit dem man kostenlos und ganz einfach größere Datenmengen schicken kann. Unsere E-mail-Adresse ist:
info@twins.de

FEIERABEND: Warum noch lange nicht Feierabend ist

Feierabend - jetzt geht's erst richtig los!

Wenn Zwillingsmutter Dorothea Feierabend machen kann, ist Mittagszeit. Die Französischlehrerin hat bereits mittags Dienstschluss. Doch statt Entspannung warten zu Hause vier Kinder - die älteren Töchter und die quirligen Zwillinge, die zum Arzt gefahren, bei den Hausaufgaben betreut und in der Bücherei beschäftigt werden müssen. Feierabend beginnt auch für Dorothea erst am sehr späten Abend.

„Hast Du es gut. Schon mittags Feierabend für heute ...", verabschiedete mich meine Kollegin, als ich gerade meine Französischunterrichtsstunde beendet hatte. Feierabend, naja, das ist Ansichtssache. Ehrlich gesagt stellt der Vormittag den entspanntesten Teil des Tages dar.

Feierabend am Nachmittag? Von wegen - da geht's erst richtig los.

Nachdem ich zum Kindergarten gehetzt war, um unsere vierjährigen Zwillingssöhne pünktlich abzuholen und es mir tatsächlich schon nach 30 Minuten (...) gelang, beiden Söhnen durch die Tür hinterher zu stürmen, die jeweils das richtige Ensemble aus Schal, Mütze, Handschuhen sowie die Stiefel an den richtigen Füßen trugen, und gleichzeitig die Spielzeugungetüme, die dienstags stets in der Gruppe stolz präsentiert werden dürfen, neben den beiden Logopädiemappen mit allerlei, für beide Zwillinge selbstverständlich völlig unterschiedlichen Übungsaufgaben, auszubalancieren, empfingen wir kurz darauf unsere gut gelaunte 9-jährige Tochter, die stolz aufzählte, was sie in der Deutschleseprobe alles falsch geschrieben hatte sowie ihre erstaunlich gechillte 15-jährige Schwester, die mit einer weiteren 5, diesmal in Geographie, das Haus betrat.

Nach einem gewohnt hektischen Essen - ich hatte noch nicht den ersten Bissen zu mir genommen, als das erste Kind das Essen schon wieder beendet hatte - und einem Hausaufgabenmarathon, der nicht nur unter großem Zeitstress, sondern auch unter enormer Geräuschbelästigung (die Zwillinge boten all ihre musikalischen Qualitäten im Flöten, Gitarrespielen und Trommeln dar) zu absolvieren war, trieb ich die Kinder schließlich zum Auto, um just in time unsere Älteste zu einem Arzttermin nach Gröbenzell zu fahren, im Schlepptau selbstverständlich unsere drei weiteren Kinder. Während der gesamten Fahrt war ich einer Doppel-, Drei-, ja Vierfachbeschallung ausgesetzt.

Tochter zum Arzttermin - alle anderen müssen mit ...

Musste Vinzi, der neben mir im Kindersitz saß, mir doch sehr fachmännisch in epischer Breite jedes der von ihm zahlreich erblickten Verkehrsschilder erklären, während Kathi von der hintersten Bankreihe in unserem VW-Bus mir ausführlich alle Feinheiten erklärte, die ein perfekter Leserbrief (das Thema für die Schulaufgabe am nächsten Tag) erfüllen sollte. Franzi plante lautstark den weiteren Tagesverlauf und unser Korbi gab von der mittleren Sitzreihe mal mehr,

Vier Kinder halten Dorothea und ihren Mann auf Trab. Hier Vinzenz (mit Brille), und Korbinian mit ihren großen Schwestern Kathi und Franzi.

mal weniger passende Einwürfe zum Besten.

Als wir um 16.58 Uhr immer noch keinen Parkplatz gefunden hatten, blieb mir nichts anderes übrig, als mich, gebeutelt von einem sehr schlechten Gewissen und der Angst, einen saftigen Strafzettel zu kassieren, auf den Behindertenparkplatz zu stellen. Als ich den Kindern meine Sorgen erklärte, meinte Franzi ganz cool: „Das passt doch, Korbi hat doch einen Schwerbehindertenausweis."

Diese Aussage löste bei Korbi verständlicherweise großen Unmut aus. Tatsächlich hat er aufgrund seiner Typ 1-Diabeteserkrankung einen Schwerbehindertenausweis, der uns aber logischerweise keine Berechtigung für einen solchen Parkplatz für mobilitätseingeschränkte Personen gibt.

Vinzenz und Korbinian sind mittlerweile vier Jahre alt. Vormittags, wenn sie im Kindergarten sind, hat ihre Mutter, Dorothea, ihre ruhigsten Minuten ... wenn sie in ihrem Beruf als Französischlehrerin Unterricht gibt.

Obwohl die Kinder sich noch kurz vor der Wegfahrt von zu Hause der Pausenbrote erbarmten, für die sie am Vormittag im Kindergarten keine Zeit gefunden hatten, wurde Korbi plötzlich von einem so starken Hunger heimgesucht, dass wir das nächste Geschäft aufsuchen mussten, in dem es dann Vinzi noch nicht Mal bis zur Kasse aushielt und die Semmeltüte bereits davor absolut nicht fachgerecht aufriss …

Krümelalarm! Heißhunger darf in der Bibliothek nicht gestillt werden!

Dass man in der Bücherei, in die wir immer gerne gehen, nicht essen darf, leuchtete den Kindern schnell ein. Leider hatte ich Korbi aber schon für die ganze Semmel das Insulin gespritzt, da ich fest damit gerechnet hatte, dass er aufgrund seines angeblich so großen Hungers zügig die Semmel aufessen würde und nicht nur zaghaft an dieser herumknabbern würde.

Während sich Franzi zufrieden die neusten Bücher und CDs aussuchte, musste Vinzi ganz dringend auf die Toilette. Kein Problem, wenn sein Zwillingsbruder nicht just in diesem Moment auch ein unaufschiebbarer Toilettendrang ereilt hätte, so dass sie beide erbittert lautstark um die einzige Toilette in der ganzen Bücherei stritten.

Nachdem die Wogen wieder geglättet waren, insistierte Vinzi, dass ich ihm doch nun endlich das Buch, das er eigentlich schon letzte Woche hätte entleihen wollen (hätte die Mama da nicht vor lauter Stress sämtliche Bibliotheksausweise daheim vergessen), an diesem Tag nach Hause mitnehme. Seine bibliographischen Angaben zu diesem seinem gewünschten Buch waren von nicht zu übertreffender Genauigkeit: „Mama, du weißt doch genau, dieses Buch, wo man auf der zweiten Seite eine Kaffeekanne sieht." Trotz fast übermenschlicher Suchbemühungen meinerseits in der gesamten (nicht kleinen) Kinderbuchabteilung und dem Versuch einer Erklärung an Vinzi, dem in keiner Weise begreiflich zu machen war, dass ich mich mit diesen seinen so exakten Buchangaben leider auch nicht erfolgreich an die „Bücherfrau" wenden konnte, versuchte ich Vinzi durch das Vorlesen eines anderen Bilderbuches gnädig zu stimmen. Dabei musste ich alle zwei Minuten unterbrechen und Korbi zur Räson rufen, der im Begriff war, die gesamte Kinderbibliothek mit ordentlich am Rand aufgestellten Sesselchen nach seiner Fasson neu zu bestuhlen.

Fünf Minuten, bevor wir Kathi wieder vom Arzt abholen mussten, stellten wir bei der Ausleihtheke fest, dass wir viel zu viele Medien ausleihen wollten, was zu heftigen Diskussionen unter den Kindern führte, welches Buch/welche CD wir denn nun aufgrund der bereits vollen Bibliotheksausweise in der Bücherei lassen mussten.

Es wird 21.30 bis bei uns endlich Ruhe einkehrt ...

Nachdem wir Kathi eingesammelt hatten, begaben wir uns auf dem schnellsten Weg zum Auto. Korbi war leider etwas zu schnell, so dass er in einer riesigen Matschpfütze ausrutschte und sein helle Hose und Jacke in das einheitliche Braun seiner bereits vor Dreck starrenden Winterstiefel wechselten. Nach einem mehr oder weniger harmonischem Abendessen, das dank unserer ältesten Tochter den französischen Abendmahlzeiten hinsichtlich der zeitlichen Dauer in nichts nachstand, vielen Streitereien unter den Zwillingen, den letzten Hausaufgabenbesprechungen, dem täglichen Katheterstechen für Korbis Insulinpumpe und diversen anderen Kleinigkeiten, waren alle Kinder gegen 21.30 Uhr eingeschlafen. Ich freue mich schon wieder auf mein morgiges Unterrichten … das ist dann so etwas wie meine ganz persönlich Entspannung. Dorothea F.)

BUCH SCHREIBEN: Unsere Leserin schreibt ein Buch

Erlebnispfade im Ries - Zwillingsmutter Katrin Ott schreibt ihr Buch

Wer ZWILLINGE schon länger liest, hat sicher schon den einen oder anderen Beitrag von Zwillingsmutter Katrin Ott gelesen. Immer wieder hat sie uns an ihren Aktivitäten mit vier Kindern - darunter Zwillinge - teilhaben lassen. So dass ich angefragt hatte, ob sie nicht auch ein Buch über Draußen-Aktivitäten mit Zwillingen schreiben wollte. Wollte sie nicht - sie hatte andere Pläne.

Ein Buch schreiben war immer ein Wunsch auf meinem Wunschzettel, der stets unerfüllt blieb. Da wir - Marion von Gratkowski und ich - unterschiedlicher Meinung waren, hat es jetzt vorerst nicht geklappt.
Doch der Wunsch in mir wurde stärker und so überlegte ich, welches Thema könnte ich denn noch bearbeiten? Ich suchte nach einem Thema, das viele Menschen und auch mich interessiert.
Ich arbeite als Referentin und gebe Kurse, zum Beispiel zu diesen Themen:

- Spiele von früher für Kinder von heute.
- Was ist Geocaching - Schatzsuche in der Natur.

Aber über diese beiden Sachgebiete gibt es schon genug Bücher. Eines Tages war ich dann mit meinem Sohn Malte (einer der Zwillinge) und einem Freund (JH) mal wieder unterwegs beim Geocaching.
Da sagt JH zu mir: „Nun komme ich jedes Jahr von München in meinem Urlaub hier nach Reimlingen. Wir haben schon viele schöne Plätze hier entdeckt, doch leider muss man alles heraussuchen und im Internet recherchieren, um diese verborgenen Plätze auch zu finden. Aber das, was mir fehlt, ist ein Buch über die verborgenen Plätze hier rund um Nördlingen herum ..."
Dies gab mir zu denken. Nach drei Tagen fing ich an, zu überlegen, was für mich die schönsten verborgenen Plätze hier im Ries („Das Ries und seine Entstehung" - siehe Kasten hier unten) sind, die ich gerne zeigen würde und dann begann ich, mein Buch zu schreiben. Das war im Februar 2017.
Und so ist mein erstes Buch entstanden. Ich habe einen Wanderführer: „Erlebnispfade im Ries" geschrieben.

Das Ries und seine Entstehung

Das nahezu kreisförmige, flache Ries hebt sich auffällig von der hügeligen Landschaft der Alb ab. Ursprünglich wurde es aufgrund seiner Gesteine für vulkanisch gehalten. Erst 1960 konnte nachgewiesen werden, dass das Ries durch den Einschlag eines Meteoriten entstanden ist. Das Ries ist der Überrest eines etwa 14,6 Millionen Jahre alten Einschlagkraters, der während des sogenannten Ries-Ereignisses entstand. Das Ries zählt zu den am besten erhaltenen großen Impaktkratern der Erde.
Quelle: Wikipedia

RIESenspaß für Alt und Jung

Wie wäre es mit einem schönen Spaziergang am Bach entlang, über Wacholderheiden laufen und die Aussicht übers Ries genießen, eine umgefallene Linde erklettern, Schmetterlinge beobachten, auf den Spuren vergangener Zeiten unterwegs sein, vor einer riesigen Eiche stehen und sich wie eine Ameise zu fühlen, Höhlen erforschen, an einer Mariengrotte zu verweilen, all das und noch vieles mehr ...
Wandeln Sie auf den Spuren vergangener Zeiten durch die atemberaubende Landschaft des Rieskraters.

**„Erlebnispfade im Ries" von Katrin Ott,
ISBN 978-1 7918 5040 1, Amazon Publishing
Preis: 21 €**

Mein Buch spricht alle Wanderbegeisterten gleichermaßen an: Senioren, Kinder, Familien, Erwachsene, Kindergärten und Schulen. Durch meine eigenen Erfahrungen biete ich meinen Lesern hier die Möglichkeit, auf vielfältigen Erlebnispfaden das Ries zu entdecken.

Folgende Punkte waren mir wichtig dabei:

- Mit den Beschreibungen allein können Wanderbegeisterte die Wanderungen finden. Wer sich lieber aufs GPS verlässt, kann sich ebenfalls auf die Daten im Buch verlassen.
- Ich gebe immer an, was ich für die jeweilige Wanderung an Ausrüstung mitnehmen würde. Das betrifft nicht nur die eigene Kleidung und den Proviant, sondern auch schon mal Gießwasser für eine neue Linde.
- Jeder Weg ist für die Kinderwagentaug-

lichkeit beschrieben, so können auch Eltern von kleineren Kindern auf meinen Pfaden wandern.
- Die Wanderungen sind in Schwierigkeitsstufen unterteilt, damit Sie wissen, was auf Sie zu kommt und niemand überfordert wird.
- Die Dauer der Wanderung, die Anzahl der Kilometer und auch die Höhenmeter sind im Buch verzeichnet.
- Auch an ältere Herrschaften habe ich gedacht. Und so hat eine Seniorin mit 75 Jahren alle Wanderungen auf die Seniorentauglichkeit geprüft und mir noch wichtige Hinweise dazu gegeben.
- Mir war es noch wichtig, die Wanderungen für den Kindergarten oder für eine Schulklasse zu beschreiben, damit vielleicht wieder ein echter Wandertag eingeführt wird. Die Ausflüge meiner Kinder gingen oft weit in die Ferne und Wanderungen waren nicht dabei. Dabei liegt das Gute oft so nah ...

Und jetzt nach 22 Monaten Arbeit am Manuskript ist das Buch am 18.12.2018 veröffentlicht worden.
Bisher kann man es nur bei Amazon kaufen. Aber ich wollte es auch über den Groß-

Katrin Ott hat gerne Zeit mit ihren Kindern im Ries verbracht. Jetzt hat sie ein Buch über ihre Erlebnispfade geschrieben und bei Amazon herausgebracht.

handel in die Buchhandlungen bekommen, das dauert wohl noch ein bisschen.

(Katrin Ott)

Aus dem Leben eines Zwillingsvaters

Auch Siegmar Stücher hat selbst zur Feder gegriffen. Er war einer der ersten Zwillingsväter, die aus ihrem turbulenten Alltag mit Zwillingen berichteten. Sein Buch wird im Handel und bei uns unter www.twins.de angeboten.

ISBN 978-3-927058-34-7, 19,90 Euro, auch im Buchhandel (online & Ladengeschäfte)

INTERNET: Vorsicht bei internetfähigem Spielzeug!

Smart Toys: digitales Spielzeug „nicht ohne"

Sogenannte „Smart Toys" - Spielzeuge, die mit dem Internet vernetzt sind, gehören in vielen Kinderzimmern bereits zum Standard. Doch Eltern tun gut daran, genau zu prüfen, mit was ihre Kinder spielen und ob auf diese Weise private Daten „abgesaugt" werden können. Die Initiative SCHAU HIN! rät Eltern zu mehr Vorsicht.

Hört sich an wie aus einem Sciencefictionfilm: Mit Smart Toys können Daten von Kindern in falsche Hände gelangen. Experten warnen davor: Smart Toys sind inzwischen mehr als nur ein Trend und haben einen festen Platz im Spielwarenregal. SCHAU HIN! klärt Eltern auf, wie sie die Privatsphäre ihrer Kinder schützen und digitales Spielzeug altersgerecht auswählen können.

„Bevor Kinder mit Spielzeug interagieren, sollten Eltern sich über mögliche Risiken zu informieren, die Smart Toys sorgfältig auswählen und prüfen", sagt SCHAU HIN!-Mediencoach Iren Schulz. Die Smart Toys sammeln nämlich wie Smartphones, Apps oder Computer verschiedene Daten ihrer Nutzer - und das sind in der Regel Kinder. Und deren Daten sind besonders schützenswert, da sie nicht in er Lage sind, diese Risiken zu erkennen und sich dagegen zu wehren. Also müssen sich die Eltern vorher schlau machen, was sie ihren Kindern in die Hand geben.

Auch der TÜV-Verband sieht bei digitalem Spielzeug ein Risiko in der Weiterverwendung und Zweckentfremdung der gesammelten Informationen. Wenn der Hersteller Nutzungsdaten auf firmeneigenen oder fremden Servern speichert, bieten sie zudem eine lohnende Angriffsfläche für Datendiebe.

Also müssen die Eltern vor dem Kauf der Spielzeuge genau prüfen, ob der Hersteller Nutzungsdaten erhebt und wie er sie verarbeitet und speichert. „Seriöse Hersteller sorgen gerne für Transparenz und informieren genau darüber, welche Daten wie genutzt und welche Sicherheitsmaßnahmen ergriffen werden", erklärt Iren Schulz von der SCHAU HIN!-Initiative. Hinweise, ob Produkte aktuell Gefahren bergen, bietet das Internetangebot „Surfen ohne Risiko".

Smart Toys - sowas haben unsere Zwillinge nicht, werden jetzt viele denken. Aber manches Spielzeug ist „smarter" als erwünscht. Denken Sie beispielsweise an „intelligente" Puppen mit Sprachfunktion, die das Lernen von Fremdsprachen erleichtern, oder an Roboter, mit denen das Programmieren geübt werden kann. Im Prinzip sind alle elektronische Spielzeuge, mit denen spielerisch interaktives Lernen ermöglicht wird, „Smart Toys". Jedoch sollten sie auf das Spielverhalten des Kindes und dessen Bedürfnisse abgestimmt und einstellbar sein. „Sonst sind die Aktionsmöglichkeiten zwischen Kind und Spielzeug sehr begrenzt und beim Spielen entsteht mehr Frust als Spaß", so Schulz. Handhabung und Inhalte müssen also zum Alter und der Medienerfahrung des Kindes passen.

Eine gute Orientierung bei der Auswahl passender Geräte und Software bieten Fachmagazine im Internet. Auch renommierte

Kindersoftwarepreise wie der Pädagogische Medienpreis geben einen Hinweis darauf, welches Spielzeug empfehlenswert ist.

Auch einfachere Kuscheltiere und Puppen, die mit Kindern kommunizieren, können fehleranfällig sein und von außen manipuliert werden. Die schlimmste Vorstellung könnte wahr werden: Über ungeschützte Funkverbindungen von Bluetooth oder WLAN können Fremde direkten Zugriff auf Kamera oder Mikrofon des Spielzeugs bekommen, das Kind ausspionieren oder mit ihm in Kontakt treten.

Weil Spielzeuge scheinbar harmlos und vermeintlich vertrauenswürdig sind, können Kinder dazu verleitet werden, Geheimnisse zu verraten. Deshalb sollten sich Eltern schon vor dem Kauf darüber informieren, ob die Verbindungen vom Internet zum Spielzeug gut gesichert sind. Wichtig ist auch, dass sie abgeschaltet werden können, wenn das Smart Toy nicht in Gebrauch ist.

Da lob ich mir doch den handgehäkelten Teddy, den ich für mein Josephinchen hergestellt habe. Und der ist garantiert nicht Internet-fähig ...

Wie beschäftigt man Zwillinge und Drillinge sinnvoll?

Natalie Schmitz ist Zwillingsmutter und Erzieherin. Sie hat zwei tolle Bücher für uns zusammengestellt. Bestellen kann man sie überall - im Internet (Amazon & Co.), im Buchhandel und unter www.twins.de

Carola Meißner
Speziell für Zwillingsfamilien

FAMILIENBERATUNG MIT HERZ UND VERSTAND
www.familienberatung-meissner.de - Telefon 0171-8300 932

Pura Vida – wir genießen das Leben

Das Leben genießen ... das stand auf der Agenda einer schweizerischen Zwillingsfamilie, die viele ihrer Urlaube in Kroatien oder beim Skifahren in Laax verbringt. Diesmal trauten sich die weit gereisten Eltern samt ihrer vier Jungen - darunter Zwillinge - ganz weit weg: Nach Costa Rica.

URLAUB IN DER FERNE: Mit vier Kindern nach Costa Rica

In Costa Rica kann man nicht nur Vulkane besteigen und den Regenwald entdecken, sondern auch Familienurlaub machen. Und von der entspannten Lebensart der Ticos lernen.

Mal Pais - schlechtes Land - heißt die Ortschaft an der Westküste Costa Ricas, wohin ich mit meiner Familie unterwegs bin. Auf der staubigen Schotterpiste werden mein Ehemann Drazen, unsere vier Kinder und ich ordentlich durchgeschüttelt. Schlagloch um Schlagloch arbeiten wir uns mit dem Geländewagen voran.

Mal Pais heißt schlechtes Land.

Mail Pais, so nannten die Bauern den Ort an der Südspitze der Nicoya-Halbinsel einst, weil das Land steil und zu trocken war, um Feldfrüchte anzubauen. Heute spielt das keine so große Rolle mehr, denn die wichtigste Rolle hat hier der Tourismus übernommen. Die Strände, so hatten wir gehört, zählen zu den schönsten des Landes. Deswegen, und weil wir einmal anders Urlaub machen wollten, sind wir hergekommen.

Und das soll ein gutes Restaurant sein?

Drazen, mein Mann, hält auf einem sandigen Parkplatz am Straßenrand. Hier ist die „Soda Tiquitas", ein Restaurant, so wurde uns erzählt. Und was sehen wir? Ein Bretterverschlag, herunterhängende Tücher, die vor der grellen Sonne schützen, innen ein Wirrwarr von Tischen und Stühlen, in der Ecke läuft der TV und überträgt europäischen Fußball. „Das soll ein Restaurant sein?" fragt mein zwölfjähriger Sohn ebenso genervt wie ich. Hatte Mike, der Schweizer Besitzer unseres Bungalows, nicht von diesem Lokal geschwärmt? Ungeduldig suchen wir uns einen Tisch, und die Unzufriedenheit will nicht weichen. Mir ist zu heiß, es dauert ewig, bis das Essen kommt, der Eistee ist gerade ausgegangen und wir bekommen stattdessen Eiswasser.

Wir passen uns die örtliche Gelassenheit an.

Doch dann gelingt es uns, den Schalter umzulegen, plötzlich weicht die Anspannung. Hey, wir sind in Mittelamerika - Schluss mit der allzu europäischen Nörgelei!
Vor uns erstreckt sich der weiße Strand, dahinter schimmert blaugrün das Meer. Unsere Kinder haben kaum aufgegessen, als sie vom Tisch aufspringen, um den Palmenhain zu erkunden. Und von den Nebentischen hören wir alle möglichen Sprachen: Spanisch, Französisch, Englisch, Deutsch.

Costa Rica bietet größte Artenvielfalt und sehr viel Zufriedenheit.

So sitzen wir hier fern der Heimat und genießen - eine zufällige Gemeinschaft aus der ganzen Welt, die gekommen ist, um die einzigartige Schönheit dieses Ortes zu erleben. Und das Essen ist wirklich ausgezeichnet, das „Soda" avanciert schon bald zu unserem Stammlokal Nummer 1.
Von wegen „schlechtes Land" - Mal Pais. Costa Rica bedeutet auf Deutsch „reiche Küste". Der Reichtum der Natur lockt Besucher von allen Kontinenten hierher. Mit seinen 51.000 Quadratkilometern ist Costa Rica um ein Viertel größer als die Schweiz - aber auf dieser kleinen Fläche ballt sich eine Menge Schönheit.

Wer will, kann morgens am karibischen Meer frühstücken und an der nur 120 Kilometern entfernten Pazifikküste zu Abend essen. Dazwischen liegt die Hauptstadt San José mit ihrer prunkvollen Architektur, die bis auf die Zeiten der spanischen Kolonialisierung zurückgeht. Die vielen Vulkane sind mit tropischem Regenwald bewachsen, in dem unzählige Pflanzen und Tiere leben. Costa Rica gehört zu den 20 Ländern der Erde mit der größten Artenvielfalt.

Und es hat sehr zufriedene Bewohner. Im Ranking des World Happiness Reports 2017 war Costa Rica von 155 Ländern auf dem 12. Platz (die Schweiz lag auf Platz 4, Deutschland auf Platz 16).

Im Gegensatz zu anderen mittelamerikanischen Ländern bietet das bergige Land keinen Platz für große Plantagen - deshalb herrschten hier nie mächtige Großgrundbesitzer, und es gab keine solche Ungleichheiten wie in den Nachbarstaaten. 1949 wurde die Armee abgeschafft, lieber investierte man in das Bildungs- und Gesundheitssystem, wie etwa in kostenlose ärztliche Versorgung in den meisten Orten.

Die Leichtigkeit des Seins: Leben wie ein „Tico".

Und es gibt eine gewisse Leichtigkeit des Lebens: Costa Ricaner - Ticos, wie sie sich nennen - leben gern von einem Moment zum nächsten, sie nehmen sich Zeit für Freunde und Familie. An diesen Lebensstil und das langsamere Tempo muss man sich als Gast erst einmal gewöhnen.

Als wir am nächsten Morgen frühstücken, sehen wir über uns einige Leguane gemächlich durch die Bäume schleichen, während gegenüber die Wellen an die Felsen branden. Wieder fragen wir Mike, unseren „Gastgeber", nach einem Tipp.

Er lächelt. „Nehmt ein paar Surfstunden mit Jésus an der Playa Hermosa," sagt er. „Dort findet Ihr einen besonders weißen Sandstrand. Vielleicht seht Ihr auch ein paar Meerestiere."

Der Weg zum „schönen Strand" führt uns durch die Kleinstadt Santa Teresa. Wir fahren vorbei an Geschäften, in denen man Surfbretter kaufen kann und wo bunte T-Shirts im Wind flattern, an einer Bäckerei und einem Restaurant, vor dem ganze Hühner über einem Feuer gegrillt werden. Die Surfschule hätten wir beinahe verpasst: Sie sieht eher aus wie ein Campingplatz.

Surfen mit Jésus ...

Wir fassen sofort Vertrauen, als wir Jésus Zabala kennenlernen. Er ist 40 Jahre alt, hat den typisch athletischen Körper eines Surfers, seine Haare sind gebleicht von Sonne und Meer. Aufgewachsen ist der Surflehrer in Venezuela, seit 17 Jahren lebt er nun hier und schwärmt von den Stränden und Wellen seiner neuen Heimat. „Es ist ein Traum," sagt er. „Kommt, ich zeige Euch den kürzesten Weg zum Wasser."

Unsere drei jüngsten Kinder sind noch zu klein zum Surfen, also macht sich Jésus mit Drazen und unserem Ältesten auf den Weg zu den Wellen. Ich gehe langsam mit den Buben hinterher, bis ich die drei aus den Augen verliere.

Wer beobachtet uns da? Kleine Klammeräffchen sind frech.

Aber ich werde selbst beobachtet, und zwar von oben. Der Pfad wird erst feucht, dann nass, bald sind meine Sandalen mit Schlamm bedeckt. Ich staune gerade über die großen Ameisenhügel neben dem Weg, als auf einmal etwas neben uns in den Matsch fällt. Batsch.

Diesen komfortablen Bungalow konnte die Familie von einem Schweizer mieten. Der gab auch den Tipp zu einem sehr speziellen Lokal, dem „Soda".

Strand, soweit das Auge reicht ... für die Jungs eine herrliche Gelegenheit, sich richtig auszutoben.

Ein Sonnenuntergang - wie er schöner nicht sein kann ...

... und jede Menge Tiere, die sich in der imposanten Natur Costa Ricas tummeln. Besser als in jedem Zoo ...

Und noch einmal. Batsch. Ich schaue nach oben. Da sitzen tatsächlich Klammeraffen auf den Ästen und bewerfen uns mit Nüssen. Dabei schauen sie uns an, als wollten sie sich über uns lustig machen. Meine Kinder freuen sich über die frechen Biester, sie lachen und winken nach oben.

Und dann treten wir zwischen den letzten Bäumen hindurch auf den Strand. Er ist riesig, von Palmen gesäumt - und fast menschenleer: keine Hotels, keine Restaurants. Einzig zwei Männer bieten ein paar Erfrischungen an. Sie sitzen entspannt auf ihren Campingstühlen und haben vor allem Kokoswasser im Angebot, für das sie nicht weit laufen müssen. Als die großen Jungs vom Surfen zurückkommen, sitzen wir zusammen, trinken den süßen, kühlen Saft und vergraben unsere Zehen im Sand. Ich schaue Drazen an. Mein Mann lächelt selig.

Was könnten wir zwei Erwachsenen jetzt alles machen! Mit dem Mountainbike um den Arenal-See fahren, Costa Ricas größten See am Fuße des gleichnamigen Vulkans. Uns beim Rafting den Fluss Pacuare hinuntertragen lassen. Vor der Isla del Cano im Südwesten tauchen und Delfine beobachte.

Doch unsere Kinder sind dafür noch nicht alt genug. Also reisen wir gemeinsam im „Tico-Style" und lassen uns treiben. Wir klettern dicht an tosende Wasserfälle heran, genießen Ceviche im „Soda" in Santa Teresa, bauen riesige Sandburgen im Sonnenuntergang, beobachtet und bewacht von streunenden Hunden.

Irgendwann finden wir hinter einem Strand eine kleine Lagune, in der hunderte von Schnecken langsam über Stein kriechen. Die Kinder beobachte stundenlang Seesterne und Einsiedlerkrebse, die sie in kleinen Gezeitenbecken finden. „Das ist ja wie in SeaWorld," sage ich. „Überhaupt nicht," antwortet unser Sohn. „Das ist viel besser". (Diana R.)

Kilometer lange weiße Strände - fast menschenleer ... (oben)

„Das soll ein Restaurant sein?" - die Familie wunderte sich und schloss es dann in ihr Herz - das „Soda".

FERNREISEN MIT KINDERN: Was man beachten sollte.

Gute Vorbereitung für eine weite Reise mit Kindern

Sucht man im Internet nach „Fernreisen mit Kindern", trifft man auf ungeahnt viele Angebote, aber auch auf Seiten, die sich auf Familienreisen in die Ferne spezialisiert oder wichtige Tipps dafür parat haben. Zum Beispiel auf www.fairaway.de.

Gleich an zweiter Stelle listen die Reisespezialisten des Portals das Ziel Costa Rica auf. Sie schreiben: „Ein weiteres Ziel, das Kinder lieben: Costa Rica. Dieses lateinamerikanische Land ist ein Paradies für Natur- und Tierliebhaber. Beobachten Sie, wie Meeresschildkröten ihre Eier am Strand ablegen. Entdecken Sie grüne Frösche, Affen und Faultiere und spazieren Sie mit Ihrer Familie zwischen den Baumwipfeln des tropischen Regenwaldes.

In Costa Rica können Sie einfach ein Auto mit Ihrer Familie mieten. Costa Rica gilt als das sicherste Land in Mittelamerika. Lesen Sie mehr über Familienreisen Costa Rica."

Und die Fernreiseexperten geben auch gleich ein paar weitere Informationen:

- Beste Reisezeit: Weihnachten oder Maiferien

- Geeignet für: alle Altersgruppen

- Malaria-Medikamente erforderlich: nein

- Hotels mit Pool oder Strand: Ja

Aber, fragen wir mal Diana aus der Schweiz, die eigene Erfahrungen gemacht und den schönen Beitrag geschrieben hat.

ZWILLINGE: Wie sind Sie auf die Idee gekommen, ausgerechnet nach Costa Rica zu fahren?

Diana R.: Ich hatte einfach mal wieder Lust, weiter zu verreisen, mal in ein Land mit sichtbar anderer Kultur, wo das Leben eben anders riecht. Es sollte in den Frühlingsferien sein, da wir im Sommer gerne nach Kroatien zelten gehen und den Herbst in den Bergen verbringen.

Mein Mann wollte in die Karibik und so schaute ich mich zuerst da um. Guadeloupe machte einen guten Eindruck. Doch von der Schweiz aus ist der Flug in die Karibik mit Umsteigen in Frankreich verbunden und der Abflughafen ist in Basel (wir sind in Zürich zu Hause). Zu kompliziert.

So suchte ich weiter und kam bald auf Costa Rica. Direkter Flug ab Zürich, ein wunderschönes Land (ich war da schon mal), Natur pur, sicher und stabil, keine Impfungen notwendig, individuelles Reisen problemlos möglich.

ZWILLINGE: Wie habt Ihr Euer Quartier gefunden? (Adresse?)

Diana R.: Wir schauen gerne die Schweizer Auswandersendung „Auf und davon". Die ist wirklich gut gemacht und hat Niveau. Und da gab es eine Schweizer Familie die nach Costa Rica ausgewandert ist und dort in Santa Teresa auf der Nicoya Halbinsel Ferienbungalows gebaut hat.
Wir wollten das Land nicht bereisen, sondern uns einen schönen Ort aussuchen, um dort zu bleiben und das Leben zu geniessen. Eine Rundreise schien uns wenig verlockend mit vier Kindern. Und wie ich oftmals auf Reisen festgestellt habe, muss man um ein Land und Leute besser zu verstehen lernen, anhalten. So mieteten wir bei Mike in Santa Teresa ein Bungalow für uns.
Hier die Buchungsadresse:
www.dropincostarica.com

ZWILLINGE: Kann man mit dem normalen Reisepass reisen oder braucht es ein Extra-Visum?

Diana R.: Ein normaler Reisepass reicht, Visum braucht es keines. Alles sehr unkompliziert.

ZWILLINGE: Welche Vorbereitungen habt Ihr getroffen?

Diana R.: Wir haben gebucht, sobald die Flüge verfügbar waren und so vom Frühbucherrabatt profitiert.
Zuvor hatten wir das Ok der Schule geholt, damit unsere Kinder eine Woche länger in die Frühlingsferien durften. Auch das wurde problemlos bewilligt. Wir haben auch noch unsere Krankenversicherung überprüft, ob die Deckung für Costa Rica gewährleistet ist. David hatte dann auch tatsächlich eine Mittelohrentzündung, die Behandlung und Medikamente wurden problemlos rückerstattet.

ZWILLINGE: Was habt Ihr mitgenommen? War das nicht sehr viel Gepäck?

Diana R.: Wir reisen in der Regel sehr leicht und hatten zwei Taschen mit je 15 Kilogramm dabei. Es ist ja sehr warm zu dieser Jahreszeit in Costa Rica, so dass es keine lange Kleidung braucht. Für die Flugreise haben wir unseren Kindern leichte Trainingshosen und eine Sweatjacke angezogen. Das waren auch die einzigen langen Kleidungsstücke. Sie hatten gute Turnschuhe an, die sich auch für die Wanderungen durch den Regenwald eigneten. Ansonsten trugen wir immer Flipflops. Zudem kann man auch Kleidung kaufen. Worauf ich immer gut achte ist Medikamente gegen Fieber, Husten und Schnupfen dabei zu haben. Aber auch da übertrieb ich nicht, da es in Santa Teresa eine Apotheke gibt. Am meisten Platz brauchten die Badetücher.

ZWILLINGE: Wie lange dauert der Flug?

Diana R.: 13 Stunden von Zürich nach San José nonstop.

ZWILLINGE: Wie haben die Kinder die lange Flugzeit überstanden?

Diana R.: Die Frage lautet wohl eher wie wir die lange Flugzeit mit den Kindern überstanden haben.... Spaß beiseite, es lief unerwartet gut. Es war nicht das erste Mal das wir flogen, aber bisher noch nie so weit. Wir haben uns Economy Flex geleistet und es ist definitiv den Aufpreis wert. Der Abstand zwischen den Sitzen ist größer, es war echt bequem und der ganze Service einfach viel angenehmer. Die Kinder durften machen was sie wollten, sogar Cola trinken. Sie genossen alles intensiv und schauten Filme bis sie einschliefen. Wir haben so gebucht, dass wir Fensterplätze hatten und zwar immer zu zweit, das heißt, in drei Reihen. Ich mit einem Zwilling zuvorderst, in der mittleren Reihe unsere zwei Großen und hinten mein Mann mit dem anderen Zwilling. So gab es keinen Streit (Zwillinge!), die Grossen (11 und 8) konnten das meiste selbst handhaben, und wir hatten alle(s) in guter Reichweite.

ZWILLINGE: Wie lange wart Ihr in Costa Rica?

Diana R.: Wir waren drei Wochen in Costa Rica und kamen trotz der langen Reise zu viel Erholung. Wir haben es aber auch sehr entspannt genommen und eben auch bewusst auf eine Rundreise verzichtet. So hatten wir Zeit, uns den Kindern zu widmen die all dem Neuen und Unbekannten sehr offen und mit viel Neugier begegneten. Kinder brauchen ja nicht viel und man denkt vielleicht, dass sie auch nicht so weit reisen müssten. Klar, da kommen natürlich auch unsere Bedürfnisse zum Vorschein. Und doch tut es ihnen gut, anderes zu sehen und zu erleben. Costa Rica ist ja kein armes Land aber im Vergleich zu der Schweiz ist der Lebensstandard doch viel bescheidener. Zu sehen, dass auch viel weniger glücklich macht tut den Kindern gut. Und sie passen sich dem erstaunlich schnell an.

ZWILLINGE: Was kostet der Spaß?

Diana R.: Flug, Mietauto für drei Wochen sowie Unterkunft (Bungalow bei Mike sowie Hotel am Flughafen) alles für 6 Personen war schon ziemlich teuer.
Wir sind auch nicht low budget gereist, sondern haben uns für die drei Wochen eine gute Unterkunft geleistet. Auch beim Flug haben wir zum ersten Mal Economy Flex gebucht. Mietautos sind sehr günstig. Wir brauchten es, um von San José nach Santa Teresa zu fahren (6 Stunden ein Weg inklusive Fähre) und auch um verschiedene Tagesausflüge zu unternehmen.

ZWILLINGE: Hat es den Kindern gefallen?

Diana R.: Es hat ihnen sehr, sehr, sehr gefallen und sie reden immer wieder davon. Und zwar alle vier ohne Wenn und Aber. Wir mussten ihnen bei der Abreise versprechen, dass wir wiederkommen werden, es gab viele Tränen.
Und wir haben vor, im nächsten Frühling dieses Versprechen zu erfüllen. Denn auch wir wollen wieder dorthin.
Pura Vida eben ...

Bella Italia - Gianni lädt an die Adria ein

Das Hotel Acquamarina freut sich auch im nächsten Sommer auf Gäste aus Deutschland. Hotelier Gianni spricht sehr gut Deutsch und freut sich immer wieder über Zwillingseltern, die bei ihm Urlaub machen. Wer ein bezahlbares Reiseziel mit Zwillingen sucht, kann hier günstig an der Adria Urlaub machen. Es gibt auch in diesem Jahr schöne Rabatte für Familien mit Kindern.
Mehr Information hier: Hotel Acquamarina, Via Virgilio 106, I-47814 Bellaria - Igea Marina, Telefon 0039-0541-331882,
E-mail: info@hotel-acquamarina.it

www.hotel-acquamarina.it

ÄLTERE HEFTE: diese Ausgaben kann man noch bestellen

Folgende Ausgaben unserer neuen Zeitschrift sind jederzeit & immer zu haben unter www.twins.de und auf allen gängigen Internet-Buchbestell-Portalen. Als Buch für 9,90 €, als E-Book für nur 7,99 € (nur bis Ausgabe 17). Von Ausgabe 01 bis inklusive Ausgabe 20 wurde das Magazin unter dem Titel: „Das neue ZWILLINGE Magazin" veröffentlicht. Danach haben wir die Zeitschrift umbenannt, damit sie im Internet besser gefunden wird.

- Das neue ZWILLINGE Magazin - Ausgabe 01: ISBN 978-3-927058-22-4 (print 9,90 €)
- Das neue ZWILLINGE Magazin - Ausgabe 02: ISBN 978-3-927058-25-5 (print 9,90 €)
- Das neue ZWILLINGE Magazin - Ausgabe 05: ISBN 978-3-927058-36-1 (print 9,90 €)
- Das neue ZWILLINGE Magazin - Ausgabe 06: ISBN 978-3-927058-53-8 (print 9,90 €)
- Das neue ZWILLINGE Magazin - Ausgabe 07: ISBN 978-3-927058-60-6 (print 9,90 €)
- Das neue ZWILLINGE Magazin - Ausgabe 08: ISBN 978-3-927058-65-1 (print 9,90 €)
- Das neue ZWILLINGE Magazin - Ausgabe 09: ISBN 978-3-927058-67-5 (print 9,90 €)
- Das neue ZWILLINGE Magazin - Ausgabe 10: ISBN 978-3-927058-73-6 (print 9,90 €)
- Das neue ZWILLINGE Magazin - Ausgabe 11: ISBN 978-3-927058-79-8 (print 9,90 €)
- Das neue ZWILLINGE Magazin - Ausgabe 13: ISBN 978-3-927058-84-2 (print 9,90 €)
- Das neue ZWILLINGE Magazin - Ausgabe 14: ISBN 978-3-927058-90-4 (print 9,90 €)
- Das neue ZWILLINGE Magazin - Ausgabe 15: ISBN 978-3-927058-93-4 (print 9,90 €)
- Das neue ZWILLINGE Magazin - Ausgabe 16: ISBN 978-3-927058-95-8 (print 9,90 €)
- Das neue ZWILLINGE Magazin - Ausgabe 17: ISBN 978-3-927058-97-2 (print 9,90 €)
- Das neue ZWILLINGE Magazin - Nr. 18: ISBN 978-3-927058-99-6 (nur print - 7,99 €)
- Das neue ZWILLINGE Magazin - Nr. 19: ISBN 978-3-927058-39-2 (nur print - 7,99 €)
- Das neue ZWILLINGE Magazin - Nr. 20: ISBN 978-3-927058-43-9 (nur print - 7,99 €)
- ZWILLINGE - DAS MAGAZIN - Nr. 21: ISBN 978-3-927058-46-0 (nur print - 7,99 €)
- ZWILLINGE - DAS MAGAZIN - Nr. 22: ISBN 978-3-743141-65-0 (nur print - 7,99 €)
- ZWILLINGE - DAS MAGAZIN - Nr. 24 ISBN 978-3-7431-6633-2 (print 7,99 €)
- ZWILLINGE - DAS MAGAZIN - Nr. 25 ISBN 978-3-7431-7302-6 (print - 7,99 €)
- ZWILLINGE - DAS MAGAZIN - Nr. 26 ISBN 978-3-7448-1375-4 (print - 7,99 €)
- ZWILLINGE - DAS MAGAZIN - Nr. 27 ISBN 978-3-7448-6986-7 (print - 7,99 €)
- ZWILLINGE - DAS MAGAZIN - Nr. 28 ISBN 978-3-7448-9922-2 (print - 7,99 €)
- ZWILLINGE - DAS MAGAZIN - Nr. 29 ISBN 978-3-7460-1535-4 (print - 7,99 €)
- ZWILLINGE - DAS MAGAZIN - Nr. 30, ISBN 978-3-7460-6536-6 (Print - 7,99 €)
- ZWILLINGE - DAS MAGAZIN - Nr. 31, ISBN 978-3-7460-7517-4 (Print - 7,99 €)
- ZWILLINGE - DAS MAGAZIN - Nr. 32, ISBN 978-3-7528-5015-4 (Print - 7,99 €)
- ZWILLINGE - DAS MAGAZIN - Nr. 33, ISBN 978-3-7528-3996-8 (Print - 7,99 €)
- ZWILLINGE - DAS MAGAZIN - Nr. 34, ISBN 978-3-7448-8516-4 (Print - 7,99 €)
- ZWILLINGE - DAS MAGAZIN - Nr. 35, ISBN 978-3-7481-8206-1 (Print - 7,99 €)
- ZWILLINGE - DAS MAGAZIN - Nr. 36, ISBN 978-3-7481-7183-6 (Print - 7,99 €)
- alle übrigen sind inzwischen ausverkauft

**Jedes Magazin (Buch) im Internet oder über www.twins.de
Ausgaben 01 - 17 und ab Ausgabe 24 auch wieder als E-Book auf
Amazon & anderen Portalen für 5,99 €.**

**Nächste Ausgabe: ZWILLINGE - DAS MAGAZIN -
Ausgabe 38 = Mai/Juni 2019 voraussichtlich ab 3. Juni 2019*)**

*) da das Heft bei Books on Demand produziert wird, können wir keinen definitiven Termin für das Erscheinen angeben, da wir auf die Produktionszeiten von BoD keinerlei Einfluss haben. Diesmal wird es spät, weil wir im Urlaub sind.

www.zwillingsburg.de

1-er, 2-er, 3-er Vehikel und mehr
MOBIL mit Kindern

Zwillingswickelauflage

Zwillingswiege

Unsere Zwillingsausstattung? Na klar von www.zwillingsburg.de!

- **Der** Spezialist für Mehrlingsartikel
- 10 % Zwillingsrabatt auf viele Artikel
- Lieferung auf Abruf: Wir lagern gerne Ihre Bestellungen bis zur Geburt

Gerne beraten wir Sie rund um das Thema Mehrlinge!
Annette Wulf · Tel. 08 41 – 15 96 736 · info@zwillingsburg.de · www.zwillingsburg.de

---

SCHÖNE MODE UND GESCHENKE **FÜR ZWILLINGE, MÄDCHEN UND JUNGEN!**

LiebZwei
DIE EINZIGARTIG SIND

www.liebzwei.de

ZU GUTER LETZT: Wir wünschen Euch viele bunte Eier!

Warum hat der Osterhase so lange Ohren?

Jetzt hätte ich beinahe vergessen, dass es was zu feiern gibt: Ostern. Da Ostern diesmal ziemlich spät ist, hoffe ich, wir haben tolles Wetter! Hier ein kleines Spiel dazu (aus unserem Buch „Zwillinge spielend fördern").

Das Gedicht (Verfasser unbekannt) erklärt auf spaßige Weise, warum Osterhasen so lange Ohren haben. Die Mutter liest den Text und macht die Bewegungen und den Gesichtsausdruck vor, die Kinder machen alles nach.

Lieber, kleiner Osterhase,

mit der süßen Schnuffelnase (Kinder schnüffeln wie ein Häschen in die Luft)

Was machst Du nur am Osterfest? (Kinder ziehen fragend die Schultern hoch)

Legst die Eier nicht ins Nest? (Kinder schütteln den Kopf)

Hast sie in den Schuh getan,
den zieht die Mama jetzt gleich an (Kinder simulieren das Schuh anziehen)

Dann macht es plitsch und macht es platsch -
Fertig ist der Eiermatsch!
(Kinder verziehen das Gesicht)

Ist dir denn jetzt noch gar nicht bang? (Kinder ziehen wieder die Schultern hoch)

Die Mama zieht dir gleich die Ohren lang!
(die Kinder halten sich die Ohren fest, damit sie die Mama nicht langziehen kann.

Foto: Osterhasen Lina & Jan